지금은 홈 바

지금은 ___ 홈 바

앤디 클라크 지음 강나위 감수

BOOKERS

CONTENTS

홈 바의 역사 ... 2

칵테일 제조의 기초 ... 4

칵테일 필수 도구 ... 8

칵테일 글라스 ... 12

심플, 시럽: 간단하게 시럽 만들기 ... 16

CLASSICS
클래식 칵테일

클래식 스트레이트 업 파티 마가리타 24
네그로니 26
에스프레소 마티니 28
모스크바 뮬 30
블러디 메리 32
다크 앤 스토미 34
김렛 36
마이 타이 38
모히토 40
맨해튼 42
롱아일랜드 아이스티 44
사이드카 46
피스코 사워 48
화이트 레이디 50

TWISTS
트위스트 칵테일

클레멘타인 코스모폴리탄 54
사이다 상그리아 56
스모키 위스키 사워 58
다이키리 블러쉬 60
수퍼소닉 에이비에이션 62
진 피즈 리프레셔 64
스노우 화이트 러시안 66
핫 핫초콜릿 68
21세기의 샌디 가프 70
서머 아포가토 72
테킬라 선다우너 74
과수원의 공작 부인 76

찾아보기 —————————————— 148
저자 소개 —————————————— 154
감사의 말 —————————————— 155

BATCH
프리 배치 칵테일

모이라 로즈 80
라즈베리 프로제 82
체리 베이크웰 마티니 84
민트 줄렙 86
펀치 피치 티 88
망고 매드니스 90
바나나루마 92
페어 오차드 워머 94
플럼 사케티니 96
제스티 핫 토디 98
콜드론 에그노그 100
서머 선셋 102
아이리시 커피 스타우트 셰이크 104
레몬 드롭 피스 106

SEASONAL
시즈널 칵테일

코냑 키커 110
트윙클 토즈 112
다크 초콜릿 라즈베리 드림 114
바질 볼 배쉬 116
파인애플 스매쉬 118
네온 유즈 120
위스키 맥플러스 122
애플비니 124
스파이스 펌킨 벨리니 126
진저 징글 128
프로스티 더 멜팅 스노우맨 130
온포도주 132

SNACKS
칵테일에 곁들이기 좋은 간단한 음식

후무스 136
과카몰리 138
스파이시 너트 140
연어 또는 햄을 넣은 크림치즈 토르티야 랩 142
토마토 브루스케타 144
하리사 프라운 146

A HISTORY OF

홈 바의 역사

대부분의 집 어딘가에는 술병이 놓여 있다. 어느 곳에는 멋진 장식 받침대 위에 잘 닦인 술병이 멋진 곡선을 뽐내며 서 있다. 모두의 시선 속에 자랑스럽게 진열되어 있는 것이다. 그에 반해, 어느 곳에서는 술병이 잘 보이지 않는 구석에 있다. 마치 부끄러운 듯, 고개를 떨구고 먼지를 뒤집어 쓴 채, 마치 사랑받지 못한 것처럼 시선 밖에 숨겨져 있는 식이다. 어느 쪽이든 우리는 이런 공간을 '홈 바'(home bar)라고 부른다. 이 약속된 액체로 가득한 보물 상자는 누군가가 열어주기만을 기다리고 있다.

홈 바의 역사는 꽤나 흥미롭다. 수세기 동안 부유한 가정의 저택에는 하인이 술을 준비하는 만드는 공간이 있었고, 1940년대에는 집에 홈 바를 갖추는 것이 대중화되었다. 특히 미국에서 더욱 유행했는데 제2차 세계대전이 끝나고 고향으로 돌아온 군인들이 교외 주택에 술을 마실 수 있는 공간인 '바'를 갖추고 싶어 했기 때문이다. 전쟁이라는 폭풍이 지나간 이후의 평온함은 술잔을 부딪치며 축하하는 분위기를 불러왔다. 이러한 홈 바는 보통 가족이 함께 공유하는 공간에 자리하지만, 종종 옥외에 있는 부속 건물이나 창고나 지하실 등에 만들어지기도 했다.

1950년대부터 1960년대에 캐비닛(문을 닫을 수 있는 수납장)이나 매립식 벽장 및 찬장이 전 세계적으로 가정에서 마실 것을 보관하고 서브하기 위한 공간으로 활용되었다. 이는 홈 바가 더욱 대중적으로 인기를 얻게 되는 계기가 되었다. 1980년대, 어릴 적 우리 집에는 한 수납 가구가 있었다. 접이식 바 상판을 들어올리면, 뒤에 숨겨져 있던 증류주나 셰리, 아드보카트,* 마라스키노 체리를 보관할 수 있는 선반 찬장이 뒤쪽 거울벽에 비치지는 조명으로 멋지게 드러나는 가구였다. 마치 '취할 수 있는' 알라딘의 보물 동굴 같은 곳이었다.

*아드보카트: 달걀 노른자로 만든 네덜란드의 전통적인 리큐르

THE HOME BAR

잠시 사교적 술모임이 집과 멀어진 시기가 있었다. 1970년대부터 1990년대에는 펍이나 바, 클럽과 같은 외부 공간에서 마시는 문화가 대중적으로 널리 퍼졌다.

그리고 21세기 와서는 많은 국가와 미국의 주에서 술집 안 흡연이 금지되었고, 음주운전 단속을 강화한 데다가, 술집에서 술을 마시기에는 가격이 꽤나 부담스러워지기도 했다. 여러 가지 요소가 복합적으로 작용한 결과로, 집에서 마시는 것, 이른바 '홈술'이 다시 상당히 보편적인 모습이 되었다. 또한 점점 창의적인 방식으로 대중화되고 있다.

사람들은 집에서 마실 수 있는 음료와 주류의 선택지가 좀 더 다양하다는 것을 받아들였고, 스스로 '홈텐더'(홈 바텐더의 줄임말) 혹은 홈 믹솔로지스트(음료 혼합 전문가)임에 자부심을 갖게 되었다.

그래도 막상 직접 칵테일을 만들기 위해 모험을 시도하는 일은 쉽지 않은 일이다. 나는 이 책을 맥주를 따거나 샴페인을 여는 것 이상의 시도를 해 보기에는 조금 겁을 먹는 사람들을 위해 썼다.

괜찮은 칵테일을 만들기 위해서 숙달된 프로페셔널 바텐더만큼 훈련을 할 필요는 없고, 적당한 칵테일을 만들기 위해서 광범위한 술을 술장에 가지고 있을 필요도 없다. 믿어도 좋다. 칵테일을 만드는 건 정말 쉽고, 복잡하지 않고, 예상보다도 훨씬 시간이 덜 들 것이다.

이 책을 홈술을 위한 일종의 도우미라고 생각해주면 좋겠다. 레시피를 참고하고, 만들고, 맛을 음미하다 보면 어느새 끝없이 이어지는 굉장한 풍미의 여정을 거닐게 될 것이다. 그렇게 거침없이 나아가다 보면 칵테일의 전설이 될 수도 있다는 자신감을 갖게 될 것이다.

지금부터 파티를 시작한다. 누구에게나 멋진 것을 내놓는 파티일 것이다.

COCKTAIL-MAKING BASICS
칵테일 제조의 기초

칵테일을 만드는 과정이 거창하거나 복잡할 필요는 없다. 칵테일은 축하주처럼 즐겁게 마실 수 있는 술이므로 그 과정도 즐거워야 한다. 칵테일 바에 가본 적이 있다면, 칵테일을 주문하고 칵테일이 테이블에 서빙되기까지 꽤나 오랜 시간이 걸리는 경험을 했을 것이다. 덕분에 '집에서는 만들 수 없다'고 오해하기 쉽지만 전혀 그렇지 않다. 충분히 집에서도 할 수 있다! 다음 몇 가지만 기억해두자.

비율 단위로 칵테일을 만들기

비율 단위로 칵테일을 만들면 용량을 숫자로 계산하는 것보다 여러모로 계산이 쉬워질 수 있다. 재료의 구성비는 맛과 질감의 균형을 위한 거의 전부이기도 하다.

- 예를 들면, 1:1:1 혹은 1파트+1파트+1파트는 세 가지 재료를 동일한 계량도구를 사용해 같은 비율로 넣는다는 뜻이다.
- 2:1이라고 표기되었다면, 2로 표시된 재료는 다른 재료와 비교하여 같은 계량도구를 사용했을 때 다른 재료보다 두 배의 양이 들어간다. (수학시간에 배웠던 비례식이나 정수비 개념이 기억나는가? 이것의 결과들은 그것보다 더 재미있을 것이다!)

한 재료와 다른 재료가 얼만큼의 비율로 들어가는지 계산하는 것 자체가 칵테일을 만드는 것을 쉽게 해준다. 정확한 용량으로 계량하지 못하면 얼만큼 만들어질지 모르겠다고? 걱정하지 않아도 된다. 비율을 잘 지키기만 하면 맛있는 칵테일이 나올 테니까. 지거나 계량컵으로 쓸 게 없다고? 역시 걱정할 필요 없다. 같은 도구를 사용해 재료를 따르고 섞으면 그 자체로 비율을 맞출 수 있게 된다. 골무, 샷, 잔, 램킨* 등. 깨끗하기만 하면 뭐든 칵테일의 계량도구로 사용할 수 있다.

*램킨: 크렘 브륄레 등에 들어가는 작은 종지

칵테일을 만들고 나서, 당신이 잔에 담을 수 있는 것보다 조금 더 많은 양의 술이 만들어질 수도 있다. 그건 잔의 종류나 제조사별로 용량이 달라서일 수도 있고, 비율로 계량하다 보니 지거를 사용했을 때와 다르게 용량이 잔에 딱 맞지 않을 수도 있다. 그래도 걱정할 필요 없다. 풍미가 걱정된다면 맛보고 조절하면 되고, 잔에는 넘치지 않게 용량을 조절해 눈대중으로 담으면 된다. 그러고도 좀 많이 남았다는 느낌이 드는가? 바텐더에게 떨어지는 보너스라고 생각하면 된다!

비율 단위의 계량을 사용하지 않는 칵테일 레시피도 있다. 주로 와인 한 병을 통째로 사용하는 경우인데(스파클링이나 다른 것), 실제 수량을 사용하는 편이 더 간단하기 때문이다. 주재료의 용량이 제한되어 있다면, 굳이 모든 재료의 비율을 번거롭게 구해 넣기보다는, 퍼즐을 맞추듯 다른 재료의 비율을 맞춰나가면 된다.

입맛의 차이

완벽한 칵테일을 만들고 싶다면, 사람마다 입맛(palates, 미각)이 다르다는 것을 기억하자. 내게 꼭 맞는 칵테일을 만들기 위해 특정 재료를 더 넣고 싶다면? 그렇게 해도 좋다. 누구에게나 완벽한 정답은 없다! 개인의 입맛에 따라 얼마든지 레시피와 음료의 양을 조절할 수 있다. 전적으로 개인의 취향과 즐거움에 달려 있다는 이야기이다.

또한, 저자가 가지고 사용하는 재료가 독자가 사용하는 재료와 다를 수 있다는 점도 간과할 수 없다. 전 세계에는 같은 음료의 브랜드가 무수히 많고, 때로는 같은 종류라고 여겨지는 음료마저 풍미가 매우 다르다(예를 들면, 멕시코의 코카콜라와 미국의 코카콜라는 사용하는 주 감미료가 각각 사탕수수와 콘시럽으로 같은 콜라지만 맛이 다르다). 동일한 과일이라도 품종에 따라 맛이 달라진다.

가장 중요한 것은 내어놓기 전에 맛을 보는 것을 잊지 않는 것이다. 보스턴 셰이커의 뚜껑은 바로 그것을 위한 것이다. 당신만의 칵테일을 내어놓을 때는, 당신만의 기준을 세우고 판단하자.

달걀흰자

달걀흰자는 훌륭한 칵테일 재료이다. 특별히 맛을 더하지 않고도 크리미한 질감을 주고, 고급스러운 거품의 질감을 더해준다. 칵테일 만들기를 정말 매끄럽게 한다.

흰자를 사용할 때는 대란(국내 기준으로는 중간 사이즈 달걀)을 사용하자. 그리고 다른 재료를 섞기 전에, 얼음을 넣지 않은 상태로 10초 정도 먼저 셰이크해주는 것이 좋다. 이런 방식을 드라이 셰이크라 부른다. 달걀의 단백질이 풀렸다 다시 꼬이면서 단단한 거품을 형성해야 할 때 얼음이 녹은 물이 방해하지 않게 하기 위한 방식이다. 거품이 단단하게 형성되면, 쉽게 꺼지지 않고 다른 액체를 더했을 때도 잘 유지된다.

달걀의 노른자와 흰자를 분리하려면, 그릇을 아래에 받치고 달걀을 깨어 껍질 반 개씩을 손에 든다. 좌우의 껍실로 빈특에서 노른자를 이동시키면서, 흰자가 달걀 껍질 밖으로 넘쳐 그릇으로 떨어져내리게 히면 된다.

달걀흰자 대신 '아쿠아파바'라고 불리는 병아리콩 통조림 안에 있는 물이나, 병아리콩을 직접 삶은 물을 사용해도 좋다. 칵테일 셰이커에 병아리콩물을 몇 티스푼 넣으면 달걀흰자를 썼을 때처럼 부드러운 거품이 더해지는 효과를 낼 수 있다.

20초 흔들기

셰이크해서 칵테일을 만들 때는 20초 정도는 흔들어야 한다고 생각한다. 음료를 식히려면 적어도 그 정도 시간이 필요하다. 나는 손이 차갑다 못해 아프기 시작하면 음료가 다 만들어졌다고 생각하지만, 더 오래 흔들어도 큰 상관은 없다. 충분히 차갑게 하는 것이 중요하다.

저알코올 및 무알코올 칵테일

이 책에 소개하는 칵테일 레시피에는 알코올이 포함되어 있지만, 만약 높은 도수의 술이 부담스럽다면 '저알코올'이나 '무알코올' 대체주류를 사용할 수 있다.

저알코올이나 무알코올 대체주류는 현재 여러 곳의 저명한 생산자들에 의해 괜찮은 것들이 시도되고 있다. 버번, 진, 보드카, 럼, 테킬라까지 종류도 다양하며, 잘 어울리는 부재료와 함께라면 더 즐겁게 즐길 수 있을 것이다.

술 없이 칵테일에 약간의 킥을 더하고 싶지만 대체주류가 없을 때는 홈메이드 대체품을 추가하는 방법도 있다.

- 화이트 스피릿(숙성되지 않은 종류의 증류주 즉 진, 보드카, 화이트 럼 등) 대신 레몬이나 라임 주스를 짜서 넣은 물 한 샷을 쓴다. 스피릿 같은 킥을 준다.

- 브라운 스피릿(오크통에 숙성을 시킨 종류의 증류주 즉 브랜디, 다크 럼 등) 대신 앙고스투라 비터스를 몇 대시 섞은 물 한 샷을 쓴다.

그렇지만 솔직히, 많은 알코올 재료가 들어가는 칵테일의 재료들을 다 대체할 수 없다면 차라리 토닉 워터나 주스를 그냥 마시는 게 나을 것이다.

얼음

술에 들어가는 얼음에 대한 오해가 있다. 많은 잔에 얼음을 많이 넣을수록 술에 물이 더 많이 섞일 것이라고 생각하는 것이다. 하지만 이는 사실이 아니며, 오히려 정반대이다. 술에 얼음을 한두 알만 넣으면 얼음을 많이 넣었을 때보다 더 빨리 녹게 되고, 결과적으로 술이 더 빨리 희석된다. 반면, 잔에 얼음을 가득 채우면 얼음이 잔과 액체를 모두 더 차게 식히고, 얼음 자체가 녹는 속도가 느려지게 한다. 결과적으로 술이 더 오래 시원하게 유지되니, 얼음은 많을수록 좋다. 보통 칵테일 셰이커나 작은 잔에는 얼음 움큼이면 충분하지만, 큰 잔이나 피처에는 조금 더 넉넉하게 얼음을 채우는 편이 좋다. 물론 언제나 그렇듯이 취향껏 결정하면 된다.

그러면 어떤 모양의 얼음을 사용해야 할까? 기본적으로 많이 쓰게 되는 얼음은 두 가지 형태일 것이다. 각얼음과 부서진 얼음(크러시드 아이스). 둘 중 어떤 얼음을 쓸지는 개인의 선택에 달렸지만, 나는 칵테일 셰이커나 저그나 피처에는 각얼음을 쓴다. 각얼음으로 재료를 차게 만들 수도 있고, 각자의 잔으로 옮겨지기까지 다 녹아버리지 않고 버틸 수 있다.

크러시드 아이스는 몇 칵테일에서는 사랑스러운 결과물을 만들지만, 작은 입자의 얼음은 빨리 녹아버리기 때문에 신중하게 선택해야 한다. 그리고 나의 변화구적인(커브볼의 말장난) 추천은 아이스 볼이다! 이것은 진짜로 공 모양이다. 요즘은 구형의 얼음을 팔기도 하고, 구형 얼음을 만들 수 있는 틀도 구하기 쉽다. 멋진 큰 구형 얼음은 점점 흔해지고 있고, 당신의 잔에 극적인 터치를 더할 것이다. 누구나를 위한 것은 아니겠지만, 혹시나 로우볼(올드패션드) 글라스를 사용한다면 다양성을 위해 한 번 시도해보길 추천한다.

머들링: 으깰 것인가 말 것인가 그것이 문제로다

머들링(muddling)은 칵테일을 만들 때 허브와 과일의 향미가 더욱 강해지도록 으깨는 기법이다. 재료의 최대한을 뽑아낼 수 있는 방법이기도 하다. 하기도 쉽다.

- 먼저 칵테일을 만들기 위한 도구 안에 으깨고자 하는 재료를 넣는다. 칵테일 셰이커, 피처나 저그처럼 믹싱 글라스의 역할을 할 수 있는 도구, 혹은 칵테일 글라스에 바로 넣어도 좋다.

- 으깰 도구를 찾는다. 칵테일용 머들러를 구입하거나 깨끗하고 긴 봉 같은 도구를 사용하면 된다. 바닥이 살짝 둥글게 평평하고 나무로 된 것이면 더 좋다(10쪽 참조).

- 설탕 시럽과 술을 더하고, 머들러 혹은 으깰 도구를 살포시 좌우로 비틀어 가며 단단하게 재료를 눌러 으깬다. 머들링을 할 때는 설탕과 물을 따로 사용하는 사람도 있는데, 나는 시럽을 쓴다. 간편하기 때문이다.

칵테일 가니쉬

가니쉬(garnish)는 멋지다! 물론 만들 때는 '아 왜 이렇게까지 해야 하지' 싶을 수도 있지만, 가니쉬는 케이크 꼭대기의 체리처럼 당신의 끝내주는 칵테일의 화룡점정이 될 것이다. 게다가 음료를 더 '인스타그래머블'하게 만들기도 한다. 몇 가지 간단한 팁을 소개한다.

- 둥글게 굽힌 양손바닥 사이에 허브를 놓고 박수를 팡 쳐서 향을 피워내기: 이렇게 하면 허브를 상하지 않게 하면서도 일시적으로 받은 공기의 압력에 의해서, 허브의 향이 칵테일 밖으로 피어 올라올 수 있다.
- 얇게 깎아낸 시트러스 과일의 겉껍질: 시트러스 과일의 겉껍질을 얇게 포를 떠낸 것은 많은 칵테일에 적합하다. 오이나 감자 껍질을 벗길 때 쓰는 채소 필러를 사용해 껍질을 떠내거나, 예리한 칼로 살짝 껍질만 도려낸 다음 껍질을 구부리거나 비틀어서 향기가 가득한 껍질의 오일 성분을 칵테일의 표현에 더한다. 향기와 맛이 더해진다.
- 라임이나 레몬 휠: 레몬이나 라임을 꼭지의 수직 방향(자르면 바퀴살 모양이 나오는 방향)으로 칼을 넣어 얇게 잘라. 원형에 반지름을 하나 긋듯이 칼집을 낸다. 잔 테두리에 끼워서 내놓을 수 있다.
- 재사용 가능하거나 생분해되는 칵테일 액세서리: 칵테일을 갑자기 만들어야 할 때를 대비하여 준비해 두면 좋다. 픽을 대체할 이쑤시개나 빨대, 멋진 칵테일 우산의 준비는 결정적 차이를 만들 수 있다.

행복하게 한 모금 마시기

칵테일을 마시는 것은 좋은 시간의 상징이며, 기념할 만한 일이다. 이 책은 단순한 칵테일 레시피 책이 아니라, 행복하기를 응원하는 책이다. 나는 내 열성적인 미각을 총동원해 당신의 얼굴에 크나큰 미소가 번질 만한 음료를 추천하고 싶었다. 요는, 행복하게 한 모금 홀짝이기를 권한다는 뜻이다. 고통을 잊기 위해, 우울해지기 위해 또는 우울함을 잊기 위해 술을 마시지 않았으면 좋겠다. 삶을 축하하기 위해 마셨으면 좋겠다. 긍정적인 면에 집중하고 스스로를 즐겼으면 한다. 칵테일 한 잔을 손에 들면, 웃을 일이 많을 테니까!

COCKTAIL-MAKING KIT
칵테일 필수 도구

나만의 칵테일 도구 컬렉션을 만드는 것은 즐거운 일이다. 칵테일 셰이커를 비춘 햇살의 반짝임, 얼음 바스켓에 맺힌 물방울 등, 종종 다른 일을 집에서 하고 있다가도 칵테일 도구를 보면 미소를 짓게 된다. 곧 칵테일의 시간을 누릴 수 있을 테니까!

집에서 칵테일을 즐기기 위해 전문적인 장비를 갖출 필요는 없다. 칵테일을 시도해볼 때 도움이 될 몇 가지 도구와 독립적이고 개성 강한 나만의 방식으로 칵테일을 만들고 싶은 사람을 위한 대안을 소개하겠다. 주방의 기본적인 도구는 있다고 가정한다. 갖추면 좋을 조금 더 독특한 도구를 적어두었으니, 칵테일 레시피를 따라서 만들다가 중간에 막히지 않을 수 있을 것이다.

착즙 도구: 스퀴저와 주서

굉장히 다양한 시트러스 과일이 칵테일에 사용될 수 있다. 그래서 스퀴저(squeezer)나 주서(juicer) 등 스스로가 어떤 착즙 도구를 선호하는지 아는 것은 꽤 중요하다. 레몬과 라임은 저절로 즙이 흘러나오는 과일이 아니기도 하고, 갓 짠 주스가 가장 맛있기도 하기 때문에 주스를 짜기 위해서라도 구비해 두면 좋겠다. 착즙 도구를 일단 골랐다면, 주스를 받아 둘 그릇을 준비했는지 확인하자!

핸드 리머

가장 간단한 방식의 봉 모양 착즙 도구이다. 요철이 있고 뾰족한 한 편이 있고, 반대쪽에는 손잡이가 달려 있다. 뾰족한 끝으로 과일을 찌르고 비틀어 즙을 낸다. 내가 가장 좋아하는 착즙 도구이다.

멕시칸 엘보우 스퀴저

악력 운동을 할 수 있다. 두 개의 손잡이가 달린 둥글게 착즙할 수 있는 본체를 반으로 열 수 있다. 그 사이에 반으로 자른 과일을 넣고 눌러서 즙을 짜낸다.

클래식한 착즙기

손을 아주 쉽게 끈적하게 만들 수 있다. 이 주서에는 그릇이 붙어 있다. 뾰족하고 요철이 있는 끄트머리 쪽에 반으로 자른 과일을 눌러 붙여 즙을 짜면, 아래의 본체 용기에 주스가 모인다. 씨앗 등을 걸러내기 좋고, 주스를 따라내기도 좋다. 아마도 가장 쉽고 편하게 주스를 짤 수 있는 도구일 것이다.

주시 살리프

마치 〈월드 오브 워〉에 나올 것 같은 모양새다. 홈바에서 사용할 수 있는 가장 근사한 도구가 될 것이다. 아래에 주스를 모아둘 그릇을 놓는 것만 잊지 말자!

전동 착즙기

여러 가지 형태가 있다. 기본적으로 수동으로 착즙하기에 삶이 너무 짧다고 느끼는 사람들이 손목을 사용하지 않고 쓸 수 있는 도구이다.

도구 없음

그 어떤 형태의 착즙 도구도 없다면 과일을 반으로 자른 다음, 과육을 티스푼으로 긁어내고 비틀면서 주스를 짜낼 수 있다. 혹은 손으로 쥐어짜 버리거나!

자르는 도구: 도마와 예리한 칼

도마는 과일을 자를 때뿐만 아니라, 주스를 짜거나 액체를 계량할 때 받치는 표면으로 활용할 수 있으므로 항상 준비해 두면 좋다. 싱크대에서 도마를 씻는 것이 조리대에 엎지른 것을 닦는 것보다 훨씬 간편하다. 공간이 넉넉하다면 칵테일 전용 도마를 구입하는 것도 추천한다. 그럼 칵테일을 만드는 일이 더욱 특별하게 느껴질 것이다.

칵테일 제조에 관심이 있다면, 과일을 자를 일이 꽤 많다는 것을 알고 있을 것이다. 식칼은 모르는 사람이 없을 테니 많은 설명도 필요하지 않고, 필요한 장비에 추가하지는 않겠다. 하지만 칼날은 최대한 날카롭게 유지해야 한다. 칼날은 사용할수록 무뎌지기 마련이다. 칼을 안전하게 사용하기 위해서라도 정기적으로 칼을 갈아줘야 한다. 날이 날카로우면 모든 작업을 힘을 들이지 않게 대신해주기 때문에 물리적 압력을 줄일 수 있고 사고가 날 위험도 적어진다.

지거 혹은 계량 도구

칵테일 제조에는 계량이 필수이다. 개인적으로는 지거(모래시계처럼 생긴, 그러나 위아래 크기가 달라 각자 다른 두 용량을 잴 수 있는 도구)를 선호한다. 만약 지거가 없다면 샷잔이나 램킨을 사용해도 좋다. 눈금이 있는 정확한 계량 도구가 없더라도 비율로 칵테일을 섞으면 된다. 여전히 우리는 맛있는 칵테일을 만들 수 있다.

으깨거나 부수는 도구: 머들러, 막자사발과 막자

머들링(허브와 과일을 으깨고 풍미를 끌어내기)을 하기 위해서는 당연하게도 머들러가 필요하다. 뭉툭한 손잡이와 반대쪽에 뾰족한 부분이 있는 칵테일 전용 머들러를 구비해놓는 것도 좋지만, 그런 게 없다면 밀대나 나무숟가락을 사용해도 좋다.

주방용 막자사발과 막자라는 고전적인 도구 듀오 역시 허브나 과일을 으깨기에 아주 훌륭한 도구이다. 튼튼하기도 하고 보기에도 멋지다. 칵테일에 필요한 재료를 쉽게 으깰 수 있고 머들링 연습도 제대로 해볼 수 있다.

흔들어 섞는 도구: 칵테일 셰이커

칵테일 셰이커를 사용하면 마치 바텐더가 된 것 마냥 칵테일을 만드는 경험이 더욱 특별하게 느껴진다. 얼음과 재료를 넣고 셰이커 바깥에 물기가 응결될 때까지 흔든 다음, 맛있는 술이 걸러진 얼음 사이를 통과해 잔에 따라 내어지는 그때를 나는 정말 사랑한다. 셰이커에는 두 가지 주된 유형이 있으며, 각각 장점이 있다.

코블러 셰이커

19세기에 두 개의 금속컵으로 이루어진 고전적인 파리 셰이커에 탈착식 캡이 추가되면서 탄생한 클래식하면서도 멋진 모양의 셰이커이다. 사용하기 가장 쉽다. 잘 새지 않고, 두 잔 정도의 칵테일을 만들어 쿠프 잔에 담기도 좋다(쿠프 잔은 13쪽 참조). 코블러 셰이커는 바디(몸통), 스트레이너(여과기), 캡(뚜껑)의 세 부분으로 구성되어 있다. 얼음과 함께 셰이크를 한 다음 열려고 하면 조금 열기 힘들 수도 있지만, 따뜻한 물줄기 아래 잠시 두면 문제는 해결된다. 특히 칵테일이 잘 만들어졌는지 뚜껑을 사용해 맛을 볼 수 있다는 점이 좋다. 집에서 칵테일을 만들 때 가장 좋아하는 셰이커이다.

보스턴 셰이커

커다란 금속 컵 두 개나, 유리제 보스턴 글라스와 금속 컵 둘로 이루어진 셰이커이다. 큰 쪽을 베이스라고 부른다. 섞고 나서 셰이커를 분리할 때에는 반드시 베이스가 아래로 가야 한다. 부피가 커서 코블러 셰이커보다 더 많은 용량을 처리할 수 있다. 단점은 유리잔을 베이스에서 분리할 때 결합부 쪽을 퍽퍽 쳐야 하는데, 잔이 깨질까 걱정된다는 것 정도이다(개인적인 걱정일 뿐. 실제로는 쉽게 깨지지 않는다).

셰이커 없음

셰이커가 없더라도 걱정할 필요는 없다. 편한 대로 유리병에 칵테일을 넣고 흔들어도 된다. 칵테일을 셰이크해서 만들지, 스터해서 만들지는 전적으로 여러분의 선택에 달려 있다. 하지만 만약 달걀흰자를 사용한다면 칵테일을 셰이크해서 만드는 것이 좋다. 흰자 거품은 얼음과 함께 젓는 것으로는 잘 생기지 않는다. 셰이크를 해야 폭신한 거품의 질감을 얻을 수 있다. 셰이커가 없다면 유리로 된 잼병이나 물병을 사용해도 된다. 셰이커와 똑같은 효과를 낼 수 있다.

거르는 도구: 스트레이너

솔직히 이야기하자면, 개인적으로는 여과되지 않은 '있는 그대로'(au naturelle)의 칵테일을 좋아하기 때문에 항상 스트레이너를 사용하지는 않는다. 과일을 짜서 쓰더라도 결과물엔 둥둥 떠다니는 것이 없는 게 좋을 때가 있다. 고운 눈의 거르는 도구를 사용하면 음료에 과일에서 온 섬유질이나 씨앗이 들어가는 것을 방지할 수 있다. 칵테일 전용 스트레이너가 없다면 작은 체나 티 스트레이너에 걸러도 좋다.

만들거나 내놓기 위해, 재료를 많이 담을 수 있는 도구: 저그와 피처

보통은 믹싱 글라스를 대체하기 위해 쓴다. 유리 저그는 많은 양을 미리 만들어서 내놓을 때 유용하다. 나는 다양한 크기로 준비해 두는 편이다. 2인용 정도로 적은 양의 칵테일을 스터해서 만들 때는 작은 저그만 있어도 되긴 하지만, 보통은 큰 저그 또는 피처를 사용해서 다량의 칵테일을 섞고 서빙한다. 와인 한 병을 통째로 사용하는 경우(온포도주나 레몬 드롭, 피즈 같은 음료)에는 스타일리시한 피처가 있으면 좋지만, 없다면 적당히 냄비나 믹싱 볼에 담아도 충분히 즐길 수 있다. 다른 사람들이 당신이 어떤 도구를 이용해 서브하든지 멋대로 평하게 두지 말자. 신경도 쓰지 말자. 칵테일을 훌륭하게 만들었지 않은가!

젓는 도구: 스터러

큰 저그 또는 피처에 재료를 넣고 스터해서 칵테일을 만들 때는 긴 젓는 도구가 필요하다. 작고 짧은 스푼을 사용하다가 실수로 손가락이 음료에 들어가는 것은 안 좋은 일이니까 칵테일 전용으로 나온 바스푼이나 젓개 등은 금속이나 유리로 되어 있고 손잡이가 꼬여 있거나 끝부분에 스타일리시한 젓는 날이 달려 보기에 멋지다. 이런 멋진 젓는 도구를 구입하면 칵테일을 만드는 일이 더욱 특별하게 느껴질 것이다. 하지만 나무숟가락이나 스패출러를 사용해도 아무 문제 없다.

보관을 위한 도구: 유리병이나 밀폐 용기

유리병은 설탕 시럽이나 소르베, 또는 칵테일을 미리 만들 때 가장 좋은 친구이다. 재활용품을 버릴 때 뚜껑이 있는 유리병이 보이면 깨끗이 씻어서 안전한 곳에 보관하자. 시럽이나 칵테일을 만들려는 충동이 들 때 쓸 수 있을 것이다. 클립형 뚜껑이 달린 밀폐 용기는 소르베을 냉동실에 보관할 때 아주 유용하다.

GLASSWARE
칵테일 글라스

나는 칵테일 글라스의 매력에 푹 빠져있다. 사용하는 유리잔의 형태가 당신이 칵테일을 더 잘 즐길 수 있도록 하기도 하고 다양한 칵테일 글라스를 가지고 있으면 칵테일을 만들 때도 더 재미있다. 칵테일을 담을 준비가 되어 있는 선반의 잔을 보는 것도 꽤 즐거운 일이다. 물론, '적절한' 잔이 없다고 해서 아쉬워할 필요는 없다. 찬장에서 찾을 수 있는 어느 잔이든 사용해도 된다. 없는 것을 신경 쓰는 것은 중요하지 않다. 원하는 음료를 즐기는 것이 중요하다. 다른 사람이 하이볼 잔 대신 올드패션드 글라스를 쓴다며 당신을 기분 나쁘게 만들도록 두지 말자. 뭔 상관이람? 원한다면 커피 머그나 잼 병에 칵테일을 담아도 되는 것이다! 술도 섞는데 잔을 섞어 쓰지 못할 이유도 없지 않나?

내가 특정한 글라스나 머그를 추천하고 있기는 하지만, 다른 잔을 사용하고 싶다면 그래도 좋다. 이 책에서는, 내가 즐겨 사용하고 많은 칵테일에 잘 어울리는 칵테일 글라스를 소개하고 있다.

샴페인 쿠페

샴페인 쿠페는 아마도 가장 예쁘고 우아한 잔일 것이다. 곡선의 아름다움이 있다. 나는 이 잔이 18세기에 처음 만들어졌고, 프랑스 혁명 전의 마지막 왕비였던 마리 앙투아네트의 가슴을 본뜨거나 혹은 영향을 받아 만들어졌다는 이야기에서 종종 영감을 얻고는 했다. 이야기가 사실이든 아니든, 이 잔이 칵테일의 매력을 배가하는 것은 확실하다. 중고장터나 자선행사, 골동품점 같은 곳에 가 보자. 꽤 괜찮은 물건을 건질 수도 있다. 나는 야자수 잎 무늬가 새겨진 크리스털 쿠페를 가지고 있는데 볼 때마다 미소를 짓게 된다. 특별한 나만의 잔을 찾아서 칵테일을 특별하게 만들어보자.

샴페인 플루트

이 잔은 긴 하루만큼이나 우아하다. 개인적으로는 샴페인 플루트에 스파클링 칵테일을 내어놓는 것을 좋아하는데, 고전적인 샴페인처럼 보이기 때문이다. 이 잔이 탄산감 있는 칵테일과 잘 어울리는 실용적 이유도 있다. 위가 좁고 긴 형태이기 때문에, 술이 공기와 닿는 표면적이 적어 탄산이 쉽게 날아가지 않는다. 표면이 넓으면 탄산이 빠져나가기도 쉽다. 솔직히 내가 탄산감 있는 칵테일에서 김이 빠질 때까지 놔둘 것 같지는 않지만.

콜린스 글라스

콜린스 글라스는 하이볼 글라스보다 약간 더 얇고 길며 옆면이 수직으로 떨어지는, 일종의 텀블러 글라스이다. 하이볼 글라스와 큰 차이는 없지만, 나는 콜린스 글라스가 조금 더 우아해 보인다고 생각한다. 콜린스 글라스는 하이볼 글라스만큼 쉽게 볼 수 있는 잔은 아닐 수 있다. 만일 없거나 구하기 어렵다면, 그냥 하이볼 글라스나 올드패션드 글라스를 사용해도 무방하다.

하이볼 글라스

넉넉한 양의 칵테일을 담아내기에 완벽한 잔이다. 어떤 칵테일은 많은 액체 재료를 넣어서 만들어야 하는데, 하이볼 글라스는 이런 칵테일에 딱이다. 얼음도 잔뜩 넣을 수 있다. 콜린스 글라스나 허리케인 글라스가 없을 때 하이볼 글라스로 대체할 수도 있다. 그리고 술을 마시는 도중에 수분을 보충할 때도 완벽한 잔이다. 칵테일을 마시는 사이사이 하이볼 글라스에 물을 담아 마시자. 다음 날 아침이 상쾌할 것이다.

허리케인 글라스

모양이 유사한 허리케인 램프에서 이름을 따 왔다. 이 잔의 흐르는 듯한 곡선은 마치 '파티'를 외치고 있는 것 같다. 이 잔은 내가 칵테일을 마시며 좋은 시간을 보냈던 뉴올리언스에서 처음 탄생했다(이 책에서는 뉴올리언스 버번 스트리트에서 파는 '핸드 그레네이드'의 레시피를 다루고 있지 않다. 하지만 혹시 갈 일이 생긴다면 꼭 마셔 보길 바란다). 이 매력적인 곡선을 가진 잔은 프루티하고 흥미로운 칵테일과 잘 어울리는 만큼 해가 잘 드는 해변에서 보내는 멋진 시간과도 잘 어울린다. 집에서, 근사한 해변에서의 휴가를 보내는 상상을 좀 더 즐기고 싶다면 허리케인 글라스를 꺼내 들어보면 어떨까?

올드패션드, 온 더 록, 로우볼 글라스

로우볼 글라스 또는 온더록 글라스(온 더 록은 말 그대로 rock, 증류주나 칵테일을 얼음 위on the에 붓는 음용 스타일을 일컫는 말이기도 하다)라고 부르기도 하는 올드패션드 글라스는, 내가 진토닉을 홀짝일 때 가장 자주 쓰는 글라스이다. 올드패션드 글라스를 손에 쥐고 있노라면, 무언가 만족스러움이 차오르고는 한다. 내가 집에서 사용하는 올드패션드 글라스는 바닥이 두툼하고, 아르데코풍의 무늬가 각인되어 있다. 큰 얼음을 넣을 수 있다는 것도 장점이다. 몇 가지 레시피와 얼음 파트에서 언급했던 커다란 구형의 얼음을 기억하는가? 커다란 구형 얼음의 묵직한 덩치를 감당할 수 있는 잔으로는 역시 이 잔이 알맞은 것 같다.

손잡이가 달린 금속 머그잔

유리 '글라스'는 아니지만, 이 잔을 이 목록에 포함시키고 싶다. 때로 손잡이가 달린 금속 머그가 유용할 때가 있다. 특정한 칵테일 몇은 이런저런 '전통적인' 이유로 이런 잔에 담기고는 한다(모스크바 뮬 등이 특히 그렇다). 손잡이가 달린 금속 머그는 따뜻한 칵테일을 만들 때도 제격이다. 데운 와인 칵테일이나 핫 토디 같은 칵테일이 그렇다. 손잡이가 없는 뜨거운 잔을 쥐는 건 좀 내키지 않는 일이다. 또 내열 유리잔이 아닌 유리잔은 데운 술을 담다가 깨질 수도 있다. 찬장에 둘 수 있는 것이 구리나 황동 잔이라면 더할 나위 없이 훌륭하겠지만, 없다면 일반적인 머그잔이나 찻잔을 써도 좋다.

마티니 글라스

마티니 글라스는 고전이자 기본이다. 긴 스템 위로 원뿔 모양의 몸통이 이어진 형태를 띤 이 매력적인 글라스는, 일반적으로 우리가 칵테일이라는 이미지를 떠올릴 때 가장 먼저 떠올리는 잔이기도 하다. 어떤 사람들은 마티니 글라스가 금주법 때 만들어졌다고 믿지만, 실제로는 1925년 파리 박람회에서 모습을 드러냈던 것이 최초 등장인 것으로 여겨진다. 샴페인 쿠페 혹은 닉 앤 노라 글라스를 현대적으로 재해석한 모습의 이 잔은, 등장 이후 20세기 내내 사랑받았다. 멋진 라인을 가지고 있고, 칵테일이 점점 넓게 퍼지는 형태로 담기기 때문에 공기에 닿는 면적이 넓어 바로 향을 음미할 때 도움이 된다. 도수가 높고 맛과 향이 강한, 적은 용량의 칵테일을 마실 때 사용하기 좋다.

주정강화 와인용 글라스
(스템이 있는 편을 추천)

포트와인이나 소테른, 셰리, 마데이라 같은 주정강화 와인은 보통 드라이 화이트나 레드 와인에 비해서 단맛이 강한 편이라서, 한 번에 많이 마시지 않는다. 스템이 있는 주정강화 와인용 글라스는 우아한 형태의 작은 글라스이고, 나는 주로 달콤하고 풍부한 풍미를 가지고 있는 칵테일을 작은 모금으로 홀짝일 때 사용한다. 특히나 잘 어울리는 것은 셰리, 아이리시 크림 리큐르(베일리스 등), 그 외의 달콤한 리큐르 등이다. 이 책에서 언급한 술 중 이 다양한 곡선을 가진 잔에 담기기 적당한 것은, 녹진하고 달콤한 맛을 앞세운 칵테일일 것이다. 콜드론 에그노그(100쪽 참조), 아이리시 커피 스타우트 셰이크(104쪽 참조), 바나나루마(92쪽 참조) 같이 진하고 달콤한 술에 제격이다.

와인 글라스

와인 글라스에 칵테일을 담을 때는 조금 장난스럽게 일탈하는 기분이 든다. 순수주의자들은 와인 글라스에 와인만 담고 싶어하는 편이고, 다른 것을 잘 허용하지 않는 편이다. 하지만 와인 글라스에 맛있는 칵테일을 채우는 것은 즐거운 일이다. 잔의 모양새가 왠지 칵테일의 맛에 대한 기대감을 불러일으키기도 하고, 칵테일을 위한 적당한 전용 잔이 없다면, 언제든지 다리가 긴 와인 글라스의 도움을 받아도 좋지 않을까. 그리고 이 글라스는 와인이 실제로 들어간 칵테일을 담기에 몹시 좋다.

SIMPLE, SYRUPS
심플, 시럽: 간단하게 시럽 만들기

이 풍미를 더한 시럽 레시피들은 적절한 농도의 당도를 가진 칵테일을 만들 때도 도움이 되고, 칵테일 자체를 아주 매력적으로 만들 것이다. 토닉이나 탄산수에 더하면 괜찮은 논알코올 칵테일을 만들 수도 있고, 당신이 조금 지루하다고 생각하는 칵테일에 생기와 즐거움을 불어넣는 데도 뛰어난 능력을 발휘할 것이다.

레시피를 따르면, 한두 잔에 필요한 양보다는 많은 양의 시럽이 나온다. 만들어서 식혀 냉장 보관했다가 필요할 때마다 언제든 필요할 때 사용하자. 만든 시럽은 반드시 살균된 용기에 보관해야 한다. 식기세척기에 넣어서 뜨겁게 세척하거나 설거지한 다음 열탕소독해서 거꾸로 두어 잘 말린 다음 시럽을 담아야 한다.

시중에서 판매하는 시럽을 사서 쓰는 경우, 단맛이나 향의 강도가 우리가 직접 만드는 이 챕터에서 다루는 레시피의 특징과는 많이 다를 수 있다. 구매한 다음 조금 덜어 맛을 보고 칵테일을 만들 때 양을 조절해서 사용하자. 시판 시럽을 사용하는 경우 단맛과 향의 강도가 레시피와 다를 수 있으므로 취향에 따라 양을 조절한다.

더블(리치) 심플 시럽

물과 설탕만 있으면 만들 수 있는 아주 간단한 시럽이다. 이 책에 소개하는 많은 칵테일 레시피에서 이 시럽을 사용한다. 생각보다 자주 사용하게 될 테니, 냉장고에 한 병씩 보관해 두는 것을 추천한다.

Equipment

- 냄비
- 스패출러
- 소독된 유리병이나 밀폐용기

Ingredients / 250ml 기준

미립당 240g (7oz)

물 120ml (4fl oz)

Recipe

1. 냄비에 설탕과 물을 넣고 설탕이 녹을 때까지 천천히 약불로 가열하며 종종 젓는다.
2. 기포가 올라오기 시작하면 불을 아주 작게 줄이고 저어준다.
3. 설탕이 녹으면 불을 끄고 식힌 다음 용기에 붓는다. 냉장고에서 최대 3주까지 보관할 수 있다.

스모크드 칠리 시럽

이 시럽은 말 그대로 풍미를 뒤흔들 만한 잠재력을 가지고 있다. 만일 위스키와 버번의 풍부하고 스모키한 향기를 좋아한다면, 스모키 위스키 사워(58쪽 참조)에 넣어서 마셔보자. 독특한 매력을 느낄 수 있을 것이다.

Equipment

- 냄비
- 스패출러
- 소독된 유리병이나 밀폐용기

Ingredients / 250ml 기준

꿀 210ml (7fl oz)

물 60ml (2fl oz)

훈제 파프리카 파우더 1t

건조 칠리 플레이크 1t

Recipe

1. 냄비에 꿀과 물을 넣고 꿀이 녹을 때까지 천천히 약불로 가열하며 종종 젓는다.
2. 기포가 올라오기 시작하면 불을 아주 작게 줄인다. 훈제 파프리카 파우더와 칠리 플레이크를 넣고 저어가며 10분간 데우듯 열을 준다.
3. 불을 끄고 식혀준다. 용기에 붓고 한 시간 동안 그대로 둔다(칠리의 풍미가 우러나도록 24시간 동안 그대로 두면 더 좋다). 냉장고에서 최대 3주까지 보관할 수 있다.

시트러스 시럽

활력 넘치는 시트러스 과일의 풍미를 칵테일에 더하는 것은 언제나 즐거운 일이다. 이 시럽은 레몬과 라임의 짜릿한 상큼함을 하나의 아름다운 액체로 아울러, 칵테일의 풍미를 믿을 수 없을 정도로 끌어올릴 수 있다.

Equipment

- 소독된 유리병이나 밀폐용기
- 채소 필러나 감자칼, 과도 등 시트러스 껍질을 따낼 도구
- 냄비
- 스패출러
- 착즙도구
- 파인 스트레이너 혹은 거르는 도구

Ingredients / 350ml 기준

| 레몬 2개 |
| 라임 2개 |
| 미립당 180g (6.25oz) |
| 물 160ml (5.5fl oz) |

Recipe

1. 채소 필러나 감자칼, 과도 등 껍질을 따낼 도구를 이용해 레몬과 라임의 겉껍질인 껍질을 벗겨낸다. 투명한 오일이 들어 있는 알갱이가 있는 겉껍질 아래의 흰 속껍질은 사용하지 않는다. 쓴맛이 강하기 때문에, 시럽에 들어가지 않도록 유의한다.

2. 껍질을 설탕, 물과 함께 소스팬에 넣고 설탕이 녹을 때까지 가끔 저으며 약불로 가열한다.

3. 기포가 올라오기 시작하면 불을 아주 작게 줄이고 5분간 데우듯 열을 준다.

4. 껍질을 벗긴 레몬과 라임을 반으로 잘라 주스를 짜 둔다. 냄비의 내용물이 조금 식으면 주스를 파인 스트레이너 혹은 거르는 도구에 대고 냄비에 넣는다. 씨앗과 펄프 찌꺼기 등을 걸러낼 수 있다.

5. 시럽을 식히고 껍질을 건져낸다. 시럽을 용기에 붓고 멋진 칵테일에 사용한다. 냉장고에서 최대 3주까지 보관할 수 있다.

생강 시럽

생강의 열기와 풍미는 칵테일에서 놀라운 효과를 발휘한다. 이 시럽은 생강의 따스한 에너지와 씹는 감각을 한데 모아 당신의 칵테일 재료에 든든한 우군으로서 추가될 것이다. 커피나 핫초콜릿과도 잘 어울린다.

Equipment

- 냄비
- 스패출러
- 생강 껍질을 벗길 도구
- 소독된 유리병이나 밀폐용기

Ingredients / 200ml 기준

생강 150g (5oz)

미립당 150g (5oz)

물 200ml (7fl oz)

Recipe

1 생강 껍질을 잘 씻어 벗기고 잘게 썬다(볶음밥 채소 사이즈보다 작게, 다져도 된다).

2 냄비에 설탕과 물을 넣고 생강을 넣은 뒤 설탕이 녹을 때까지 가끔 저어가며 부드럽게 가열한다.

3 기포가 올라오기 시작하면 불을 아주 작게 줄이고 30분간 열을 준다.

4 불을 끄고 식혀준다. 생강을 건진다. 시럽을 용기에 보관한다. 끝내주는 칵테일에 사용한다. 냉장고에서 최대 3주까지 보관할 수 있다.

커피 시럽

이 시럽은 본질적으로는 강하고 달콤한 커피다! 그러니 인스턴트 커피, 드립 커피, 프렌치프레스 커피, 캡슐이나 포드 머신이나 에스프레소 머신으로 추출한 커피 중 당신이 좋아하는 아무것으로나 만들어도 괜찮다. 칵테일에 어울릴 뿐만 아니라, 따뜻한 우유와 섞어도 맛있다.

Equipment

- 주전자 또는 커피 메이커
- 냄비
- 스패출러
- 소독된 유리병이나 밀폐용기

Ingredients / 300ml 기준

진한 커피 240ml (8fl oz)

데메라라 또는 마스코바도(당밀을 포함한 설탕) 같은 비정제 설탕(비정제 설탕이 없으면 백설탕도 상관없지만, 풍미를 위해서는 비정제 설탕이 좋다!) 150g (5oz)

바닐라 익스트랙트 0.5t (또는 바닐라 꼬투리를 갈라 빈을 조금 긁어내서 써도 좋다)

Recipe

1. 원하는 도구를 사용하여 진한 커피를 만든다.. 드립 커피를 만들거나 프렌치프레스로 커피를 만드는 경우에는 물 250ml당 커피콩을 20g 사용하면 된다. 캡슐이나 포드, 에스프레소 머신을 사용해서 커피를 내리는 경우 내려진 커피의 농도와 향에 따라 사용량을 가감하면 된다.

2. 아직 따뜻한 커피에 설탕을 넣는다. 녹을 때까지 충분히 젓는다.

3. 식혀준다. 식으면 시럽을 용기에 붓고 멋진 칵테일에 사용한다. 냉장고에서 최대 3주까지 보관할 수 있다.

베리 시럽

열매 과일들의 달콤함을 좋아한다면 이 레시피가 적합하다. 신선한 열매 과일이나 냉동해서 파는 베리를 모두 사용할 수 있다. 나는 이 시럽이 주는 풍미를 정말 좋아한다. 칵테일에 사용해도, 얼음을 채운 잔에 탄산과 함께 섞어 에이드를 만들어 마셔도 맛있다. 이 시럽을 만들 때는 어떤 열매 과일을 사용해도 좋지만, 빨간색을 띠는 열매 과일들이 특히 맛있다고 생각하고, 그중에서는 라즈베리가 제일이라고 생각한다. 라즈베리와 딸기를 7:3 정도로 섞어도 아주 좋다.

Equipment

- 냄비
- 스패출러
- 베리를 으깰 도구
- 면보 또는 파인 스트레이너와 같이 힘을 주어 눌러 가며 거를 수 있는 도구
- 소독된 유리병이나 밀폐용기

Ingredients / 300ml 기준

미립당 150g (5oz)

물 210ml (7fl oz)

열매 과일 300g (10oz) (믹스 베리 봉투를 사거나 좋아하는 열매를 사다 써도 된다)

Recipe

1. 설탕과 물을 냄비에 넣고 설탕이 녹을 때까지 천천히 약불로 가열하며 종종 젓는다. 베리를 추가한다.

2. 기포가 올라오기 시작하면 불을 아주 작게 줄이고 25분간 데우듯 열을 준다. 끓는 동안 포테이토 매셔나 스패출러, 주걱 등의 도구로 베리를 으깬다. 혼합물이 냄비 바닥에 달라붙지 않도록 약 10분마다 저어준다. 또한, 혼합물이 끓어 넘치지 않도록 주의한다. 베리는 냄비에서 거품이 생기는 경향이 있다.

3. 불을 끄고 식혀준다.

4. 냄비의 내용물을 면보나 파인 스트레이너 같은, 내용물을 힘주어 눌러 가며 걸러낼 수 있는 도구에 올린다. 큰 스푼이나 스패출러로 과육을 누르고 쥐어짜 내어 최대한 많은 액체를 추출한다. 용기에 붓고 맛있는 칵테일에 사용한다. 최대 3주까지 냉장 보관할 수 있다.

CLASSICS

클래식: 클래식 칵테일로 시작하기

가끔은 클래식 칵테일 말고는 다른 게 생각나지 않을 때가 있다. 요즘은 새로운 칵테일이 워낙 많아서 무엇을 마셔야 할지 고민이 되는데, 그럴 때는 클래식 칵테일부터 시작해보자. 칵테일의 역사를 탐구하고 오랜 전통을 자랑하는 칵테일을 한 모금 마시는 행위에는 매혹적인 무언가가 있다. 물론 클래식 칵테일이라고 해서 하나의 고정적인 레시피만 있는 것은 아니다. 이 챕터에서는 내가 좋아하는, 만들기 쉬운 칵테일을 내놓기 좋아하는 방식과 함께 소개한다.

CLASSIC STRAIGHT-UP PARTY MARGARITA

클래식 스트레이트 업 파티 마가리타

다들 한 번쯤은 그 이름을 들어봤을 만큼 익숙한 칵테일 마가리타. 개인적으로도 가장 선호하는 칵테일이다. 특히 테킬라, 트리플섹, 라임 주스의 조합과 소금을 두른 테두리가 아주 매력적이다. 나는 언제나 마가리타 안에 살고 있을 것이다. 미국에서 제임스 마틴 셰프와 시리즈를 제작했을 당시 해안 사이를 오가며 촬영했는데, 긴 촬영을 마치고 마가리타를 한 잔 마시면 쌓인 피로가 풀리고 기분이 좋아지곤 했다. 이 칵테일은 얼음과 함께 흔든 다음 온 더 록으로, 얼음과 같이 갈아서 프로즌 스타일로, 얼음과 함께 흔든 다음 얼음 없이 스트레이트 업 스타일로 제공할 수 있다. 개인적으로는 스트레이트 업을 선호한다. 마가리타는 칵테일을 만드는 것이 얼마나 쉬운지를 보여주는 좋은 예시라고 생각한다.

나는 칵테일에 부드러운 스모키함을 더하기 위해 오크통에서 2개월 이상 숙성시킨 레포사도 테킬라를 사용하는 것을 좋아하지만, 굳이 그러지 않아도 좋다. 실버 또는 화이트 테킬라로 대체해도 괜찮다.

개인적으로는 마가리타에는 산미가 강조되는 것이 좋아서 설탕이나 아가베 시럽을 넣지 않지만 일부 레시피에는 들어가기도 한다. 약간의 단맛을 원한다면 칵테일을 만들어 맛을 보고 시럽 몇 티스푼을 취향에 맞게 조금 추가한다.

Proportions

테킬라 2

라임 주스 1

트리플 섹 1

Ingredients / 2잔

테킬라 레포사도 150ml (5fl oz)

신선한 라임 주스 75ml (2.5fl oz)

트리플 섹 75ml (2.5fl oz)

얼음 셰이커 가득

Equipment

- 마티니 글라스 2잔
- 작은 접시
- 착즙 도구
- 칵테일 셰이커
- 파인 스트레이너

To garnish

납작한 입자의 소금 (테두리를 장식할 용도로, 코셔 소금이나 말돈 초록색 소금이면 좋다)

라임 껍질 2조각

Recipe

1 라임을 짜고 남은 조각의 주스를 잔 테두리를 따라 문질러 묻힌다. 작은 접시에 소금을 뿌리고 소금이 테두리에 달라붙도록 잔을 접시 위에 뒤집어 놓았다가 다시 똑바로 세운다.

2 칵테일 셰이커에 얼음을 채우고 셰이커 표면이 매우 차가워질 때까지 손에 쥐고 약 20초간 흔들어준다. 그 다음 스트레이너를 사용해 칵테일 글라스에 따른다.

3 라임껍질을 얇게 따낸 것을 칵테일 위에서 휘고 비틀어 에센셜 오일을 칵테일 표면에 뿌린 다음 잔에 넣는다. 바로 내놓는다.

Classics

NEGRONI
네그로니

진, 베르무트 로소(중간쯤 달거나 단 붉은 베르무트), 캄파리 등의 아페리티프를 같은 비율로 섞어 오렌지 껍질로 장식한 이탈리아 칵테일이다. 식전주 칵테일로 간주된다. 흐려져 보이는 것을 피하기 위해 전통적으로 흔들지 않고 저어준다. 이 칵테일에는 술이 아닌 재료가 섞여 있지 않아서 약간은 강하다고 느껴질 수 있다. 논란의 여지가 있긴 하지만, 그럴 때는 토닉이나 소다수를 조금 더 첨가하여 롱 드링크 버전으로 만들 수 있다.

Ingredients / 2잔

진 75ml (2.5fl oz)

베르무트 로소 75ml (2.5fl oz)

캄파리 75ml (2.5fl oz)

큰 구형 얼음 2개 (또는 적당히 큰 얼음 몇 개)

To garnish

오렌지 껍질 2조각

Recipe

1. 저그에 칵테일 재료를 넣고 부드럽게 저어준다.
2. 두 잔에 각각 얼음을 채운 후 섞인 칵테일을 부어준다.
3. 오렌지껍질을 얇게 따낸 것을 칵테일 위에서 휘고 비틀어 에센셜 오일을 칵테일 표면에 뿌린 다음 잔에 넣는다. 바로 내놓는다.

Proportions

진 1

베르무트 로소 1

캄파리 1

Equipment

- 섞기 위해 담는 도구 (믹싱 글라스, 유리 저그 또는 피처)
- 젓는 도구 (스터러)
- 올드패션드 글라스 2개

Classics

ESPRESSO MARTINI
에스프레소 마티니

이 클래식 커피 칵테일은 식후에 마시기 좋으며, 커피를 좋아하지만 칵테일이 마시고 싶을 때 안성맞춤이다. 프티 푸르* 나 초콜릿 한 상자와 함께 마셔도 좋다. 조금 더 색다른 칵테일을 원한다면 타바스코 소스 셰이크를 추가하거나 칠리 플레이크를 뿌려보자. 매콤한 킥이 더해진다.

*프티 푸르(petit four): 작은 케이크

Proportions

보드카 2

에스프레소 1

커피 리큐르 1

To garnish

커피 원두 6개

Equipment

- 칵테일 셰이커
- 마티니 글라스 2개

Ingredients / 2잔

보드카 150ml (5fl oz)

갓 내린 에스프레소 커피 75ml (2.5fl oz)

커피 리큐르 75ml (2.5fl oz)

단맛을 원한다면 더블 시럽(17쪽 참조) 또는 커피 시럽(20쪽 참조) 2t

얼음 셰이커 가득

Recipe

1. 칵테일 셰이커에 더블 시럽을 제외한 모든 재료를 넣고 얼음을 셰이커 가득 넣은 뒤 셰이커 표면이 아주 차가워질 때까지 약 20초간 흔든다.

2. 살짝 맛을 보고 더 달게 먹고 싶다면 더블 시럽을 재량껏 넣어준다.

3. 마티니 글라스에 따르고 원두를 각각의 잔에 3개씩 올려 장식한다.

Classics

MOSCOW MULE

모스크바 뮬

모스크바 뮬의 유래에 대해서는 다소 논란이 있지만, 뉴욕의 진저비어와 보드카 생산자들이 협력해 자신들의 제품을 판촉하기 위해 만들었다는 설이 유력하다. 하지만 이것 한 가지는 확실하다. 이 상쾌한 칵테일이 진저비어와 보드카를 모두 즐길 수 있는 좋은 방법이라는 점이다. 진저비어와 보드카, 라임 주스를 섞어 만든 이 칵테일은 당신의 미각에 기분 좋은 자극을 선사할 것이다.

Ingredients / 1잔

얼음 적당량

보드카 30ml (1fl oz)

진저비어 120ml (4fl oz)
(매운맛이 강할수록 좋다)

신선한 라임 주스 15ml (0.5fl oz)

앙고스투라 비터스 약간 (없어도 된다)

To garnish

민트 줄기 1개

라임 웨지 1조각

Proportions

보드카 1

진저비어 4

라임 주스 0.5

Recipe

1 구리 머그잔에 얼음을 채운다.

2 보드카, 진저비어, 라임 주스를 잔에 넣고 살짝만 섞는다.

3 앙고스투라 비터스를 살짝 넣고 민트와 라임 웨지로 장식한다.

Equipment

- 구리 머그잔 1개
- 착즙 도구

Classics

BLOODY MARY
블러디 메리

감칠맛 도는 칵테일을 좋아한다면 블러디 메리가 제격이다. 토마토 주스의 풍부한 풍미가 군침을 돌게 한다. 블러디 메리는 브런치든 점심이든 저녁이든 어떤 식사와도 완벽하게 어울린다.

저녁식사 때라면 짭짤하고 감칠맛 나는 요깃거리와 함께해도 좋고, 다음 날 아침에 해장술로도 좋다! 만약 버진 마리아를 원한다면 보드카를 생략하거나 물과 레몬을 추가로 짜서 넣으면 된다. 나는 젓는 도구(스터러)로 셀러리 대신 당근 봉을 사용하는 것을 선호하지만, 취향에 따라 자유롭게 사용하면 된다.

Ingredients / 2잔

보드카 120ml (4fl oz)

어니언 솔트 50g (2oz)

신선한 레몬 주스 30ml (1fl oz)

토마토 주스 420ml (14fl oz)

우스터 소스 적당량

타바스코 소스 적당량

얼음 잔과 섞는 도구에 가득

To garnish

얇은 당근 또는 긴 당근 봉 2개
(젓는 도구로 사용)

Proportions

토마토 주스 4

보드카 1

Equipment

- 섞기 위해 담는 도구
  (믹싱 글라스, 유리 저그 또는 피처)
- 하이볼 글라스 2개
- 작은 접시
- 착즙 도구

Recipe

1 레몬을 짜고 남은 조각의 주스를 잔 테두리를 따라 문질러 묻힌다. 작은 접시에 어니언 솔트를 뿌리고 테두리에 달라붙도록 잔을 접시 위에 뒤집어 놓았다가 똑바로 세운다.

2 얼음이 가득 담긴 저그에 액체 재료를 넣고 당근을 활용해 저어준다(만약 커다란 셰이커를 사용한다면 얼음을 넣고 음료 재료와 소스를 넣은 뒤에 만져 보아서 셰이커 표면이 아주 차가워질 때까지 약 20초간 흔들어준다).

3 잔에 얼음을 가득 채우고 칵테일을 따른다. 2에서 음료를 저었던 당근으로 장식한다.

Classics

DARK AND STORMY
다크 앤 스토미

다크 앤 스토미는 상쾌함과 편안함을 동시에 선사한다. 여름에는 더위를 식히고 싶을 때 마시기 좋고, 겨울에는 다크 럼, 진저비어, 라임 주스의 조합으로 환상적인 맛을 즐길 수 있다. 나는 콜라와 비터스, 후추를 약간 넣어서 풍미를 더하는 것을 좋아한다.

Ingredients / 1잔

| 얼음 적당량 |
| 다크 럼 60ml (2fl oz) |
| 핫 진저비어 120ml (4fl oz) |
| 콜라 60ml (2fl oz) |
| 신선한 라임 주스 30ml (1fl oz) |
| 앙고스투라 비터스 약간 |

Proportions

| 다크 럼 2 |
| 핫 진저비어 4 |
| 콜라 2 |
| 라임 주스 1 |

To garnish

| 라임 웨지 1조각 |
| 후추 약간 |

Recipe

1 하이볼 글라스에 얼음을 채운다. 재료를 넣는다. 탄산이 빠지지 않게 살짝 젓는다.
2 라임 웨지와 그라인드 후추로 장식한다.

Equipment

- 하이볼 글라스 1개
- 젓는 도구(스터러)
- 착즙 도구

Classics

GIMLET
김렛

김렛을 메뉴에서 간과하기 쉽지만, 사실 김렛은 세 가지 재료로만 만드는 칵테일이라고는 믿기지 않을 정도로, 재료의 단순 합을 초월하는 칵테일이다. 보통 라임 가향을 한 코디얼로 단맛을 내지만, 신선한 시트러스 향을 극대화하려면 우리의 설탕 시럽을 사용해도 좋다. 하지만 시판되는 기성 라임 코디얼의 고전적인 맛이 좋다면 라임 코디얼을 약간 더 넣고 친숙하고 전통적인 단맛을 즐길 수도 있다.

Proportions

진 4
라임 주스 1
시트러스 시럽 1

Ingredients / 2잔

얼음 셰이커 가득
진 160ml (5.5fl oz)
신선한 라임 주스 45ml (1.5fl oz)
시트러스 시럽 45ml (1.5fl oz) (18쪽 참조)

To garnish

라임 휠 2조각

Recipe

1. 잔에 얼음을 채운 후 칵테일 셰이커에 모든 재료를 넣고 셰이커 표면이 아주 차가워질 때까지 약 20초간 흔든다.
2. 스트레이너에 걸러 칵테일을 잔에 따르고 라임 휠로 장식한다.

Equipment

- 칵테일 셰이커
- 쿠페 글라스 2개
- 파인 스트레이너
- 착즙 도구

Classics

MAI TAI

마이 타이

남편과 결혼했을 때, 신혼여행지로 둘 다 가 보지 못한 곳을 가 보기로 했다. 알고 보니 어렸을 때부터 우리는 둘 다 하와이를 가 보고 싶어 했었고, 그래서 우리는 떠났다. 우리는 도착하자마자 '알로하 주'와 그곳의 시그니처 칵테일을 사랑하게 되었다. 그래서 이건, 하와이의 햇살을 홈 바에서 느낄 수 있는 방법이다!

마이 타이의 레시피는 다양하다. 어떤 건 오렌지 주스가 들어가고, 어떤 건 파인애플 주스가 들어간다. 안 들어가기도 하고. 그래서 나는 둘 다 사용해서 끝내주는 칵테일을 만들 것이다. 느긋하게 해변에 누워서 지는 해를 바라보는 그런 느낌으로. 혹시라도 이 맛 좋은 과일들의 향이 좀 달다고 느껴진다면, 레몬 주스를 더하면 된다.

Proportions

화이트 럼	2
다크 럼	1
트리플 섹	1
라임 주스	1
아몬드 시럽	1
파인애플 주스	1
오렌지 주스	1

Ingredients / 2잔

- 얼음 잔과 섞는 도구에 가득
- 화이트 럼 120ml (4fl oz)
- 다크 럼 60ml (2fl oz)
- 트리플 섹 60ml (2fl oz)
- 신선한 라임 주스 60ml (2fl oz)
- 아몬드 시럽 60ml (2fl oz)
- 신선한 파인애플 주스 60ml (2fl oz)
- 신선한 오렌지 주스 60ml (2fl oz)

Equipment

- 올드패션드 글라스 2개
- 착즙 도구
- 칵테일 셰이커
- 파인 스트레이너

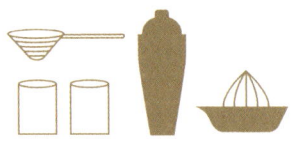

To garnish

라임 웨지 2조각

민트 잎 2장

앙고스투라 비터스 약간 (선택 사항)

Recipe

1 올드패션드 글라스에 얼음을 채운다.

2 셰이커에 얼음과 함께 모든 재료를 넣고 20초간 흔들어준다.

3 잔에 얼음을 채우고 스트레이너를 사용해 칵테일을 따라낸다. 라임과 민트 잎으로 장식한다. 원한다면 앙고스투라 비터스를 한두 대시 넣어준다.

Classics

MOJITO
모히토

어릴 적 처음 맛본 모히토는 칵테일에 대한 호기심을 자극했다. 럼의 톡 쏘는 킥, 달콤한 라임, 상큼한 민트의 조화는 마법과도 같았다. 쿠바의 고전적인 이 칵테일은 일 년 내내 여름을 생각하게 한다.

모히토에 포인트를 더하고 싶다면 머들링 과정에서 바질 잎을 몇 개 넣어보자. 허브향이 물씬 풍기는 칵테일이 될 것이다.

Ingredients / 2잔

라임 4개

신선한 민트 잎 적당량 (약 40장)

더블 시럽 120ml (4fl oz) (17쪽 참조)

크러시드 아이스 적당량
(크러시드 아이스가 없으면 각얼음을 사용)

화이트 럼 240ml (8fl oz)

탄산수 240ml (8fl oz)
(또는 잔 꼭대기까지 음료를 채운다)

To garnish

민트 줄기 2개

라임 웨지 2조각

Proportions

더블 시럽 1

화이트 럼 2

탄산수 2

Equipment

- 섞기 위해 담는 도구
  (믹싱 글라스, 유리 저그 또는 피처)
- 머들러
- 콜린스 글라스 2개

Recipe

1. 라임을 8등분한다. 2조각은 가니쉬용으로 따로 둔다.
2. 남은 라임과 민트 잎, 더블 시럽은 믹싱 글라스, 유리 저그 또는 피처에 넣는다. 민트가 짓눌리고 라임즙이 나올 때까지 재료를 머들링한다(머들링 방법은 6쪽 참조).
3. 럼을 각자의 잔에 따른다. 스푼을 사용해 믹싱 글라스, 유리 저그 또는 피처의 내용물을 잔에 골고루 나눈다. 잔에 크러시드 아이스를 넣고 탄산수를 채운다.
4. 1에서 남겨둔 라임 웨지 2조각과 민트 줄기로 장식한다.

Classics

MANHATTAN
맨해튼

맨해튼은 올드 패션드를 재미있게 변형한 것처럼 보인다(올드 패션드는 감미료로 베르무트 대신 설탕을 사용한다). 이름처럼 뉴욕의 번화한 칵테일 바를 떠올리게 하는 맨해튼을 마시고 있노라면 1880년대에 이 칵테일이 처음 만들어졌을 당시의 맨해튼이 어땠는지 궁금해지기도 한다. 나는 로소 베르무트를 재료로 사용하는 것을 좋아한다, 복잡성의 요소를 더해 주기 때문이다. 강렬하면서도 세련된 한 모금을 원한다면 이 칵테일이 제격이다. 풍부한 향기와 단맛을 더하고 싶다면 메이플 시럽을 1t 정도 더해 보는 것도 좋다.

Proportions

버번 2

로소 베르무트 1

Ingredients / 2잔

얼음 잔과 섞는 도구에 가득

버번 210ml (7fl oz)

로소 베르무트 120ml (4fl oz)

앙고스투라 비터스 약간

To garnish

오렌지 껍질 2조각

마라스키노 체리(절임 체리) 2개

Recipe

1. 올드패션드 글라스에 얼음을 채운다.
2. 저그에 얼음을 채우고 모든 재료를 넣어 부드럽게 저어준 다음 잔에 따른다.
3. 마라스키노 체리는 픽에 꽂아서 잔에 넣는다. 오렌지 껍질을 얇게 따낸 것을 칵테일 위에서 휘고 비틀어 에센셜 오일을 칵테일 표면에 뿌린 다음 잔에 넣는다. 바로 내놓는다.

Equipment

- 섞기 위해 담는 도구 (믹싱 글라스, 유리 저그 또는 피처)
- 젓는 도구 (스터러)
- 올드패션드 글라스 2개

Classics

LONG ISLAND ICED TEA
롱아일랜드 아이스티

이 칵테일은 완벽하게 상쾌한 에너지로 가득하다. 보기에는 그냥 상큼한 아이스티처럼 보이지만, 일어설 때는 휘청하게 될 수도 있다. 더블 시럽(17쪽 참조)을 약간 더해서 단맛을 더하는 사람도 있지만 그럴 필요는 없을 것 같다. 4가지의 증류주와 1가지의 리큐르, 레몬 주스, 콜라의 조화는 정말 훌륭하니까!

Proportions

데킬라 레포사도 1
보드카 1
화이트 럼 1
트리플 섹 1
진 1
레몬 주스 1
콜라 4

To garnish

레몬 휠 2조각

Ingredients / 2잔

각얼음 가득
데킬라 레포사도 60ml (2fl oz)
보드카 60ml (2fl oz)
화이트 럼 60ml (2fl oz)
진 60ml (2fl oz)
신선한 레몬 주스 60ml (2fl oz)
콜라 240ml (8fl oz)
(또는 잔 꼭대기까지 채운다)

Recipe

1 저그에 얼음을 채운 후 액체 재료를 넣고 부드럽게 저어준다.
2 잔에 얼음을 채우고 칵테일을 따라낸다. 콜라를 잔 상단까지 채운다.
3 레몬 휠로 장식한다.

Equipment

- 섞기 위해 담는 도구 (믹싱 글라스, 유리 저그 또는 피처)
- 착즙 도구
- 젓는 도구(스터러)
- 하이볼 글라스 2개

Classics

SIDECAR
사이드카

사이드카의 정확한 기원은 불분명하지만, 2차 세계대전이 끝날 무렵에 처음 만들어졌다는 설이 있다. 파리의 리츠 호텔은 이 칵테일이 당시 흔히 사용되던 오토바이 부착물에서 이름을 따왔다고 주장하기도 한다. 물론 사이드카를 마신 후에는 운전하지 않는 것이 좋다! 너무 새콤해서 부담스럽다면 더블 시럽 1t을 추가하자(17쪽 참조).

Proportions

코냑 2
레몬 주스 1
트리플 섹 1

To garnish

레몬 껍질 2조각

Ingredients / 2잔

코냑 150ml (5fl oz)
신선한 레몬 주스 75ml (2.5fl oz)
트리플 섹 75ml (2.5fl oz)
앙고스투라 비터스 약간
각얼음 셰이커 가득

Recipe

1 칵테일 셰이커에 얼음을 넣고 셰이커 표면이 아주 차가워질 때까지 약 20초간 흔들어준다.

2 스트레이너를 사용해 칵테일을 잔에 따른다.

3 레몬 껍질을 얇게 따낸 것을 칵테일 위에서 휘고 비틀어 에센셜 오일을 칵테일 표면에 뿌린 다음 잔에 넣는다. 바로 내놓는다.

Equipment

- 칵테일 셰이커
- 샴페인 쿠페 2개
- 파인 스트레이너
- 착즙 도구

Classics

PISCO SOUR
피스코 사워

나는 런던에 살 때 피스코 사워와 사랑에 빠졌다. 마틴 모랄레스라는 셰프가 있었는데, 그는 소호에 세비체라는 레스토랑을 오픈한 사람이었다. 매력적인 산미에 대한 사랑 측면에서, 스트레이트 업 마가리타가 잠시 동안 내 마음속의 1위를 했었던 적이 있었지만, 피스코 사워가 그걸 제쳤고, 한동안 내려올 줄 몰랐다.

나는 샴페인 쿠페 잔에 피스코 사워를 마시는 걸 좋아하긴 하지만, 작은 텀블러 글라스에 담겨 나오는 경우도 종종 있다. 나는 샴페인 쿠페 잔에 피스코 사워를 마시는 걸 좋아하지만 때때로 작은 텀블러 글라스에 담겨 나오기도 하고, 별로 개의치 않는 편이다. 이 레시피는 남아메리카와 런던의 그 맛을 재현해 보려는 나의 시도이다.

Proportions

피스코 4

라임 주스 2

더블 시럽 1

Equipment

- 착즙 도구
- 칵테일 셰이커
- 샴페인 쿠페 4개
- 스트레이너

To garnish

앙고스투라 비터스 약간

Ingredients / 4잔

피스코 240ml (8fl oz)

신선한 레몬 주스 120ml (4fl oz)

더블 시럽 60ml (2fl oz) (17쪽 참조)

달걀흰자 2~3개분

각얼음 셰이커 가득

Recipe

1. 칵테일 셰이커에 얼음을 넣지 않고 피스코, 라임 주스, 심플 시럽, 달걀흰자를 넣고 10초간 흔들어 거품을 낸다. 얼음을 셰이커 가득 더 넣고 셰이커를 만졌을 때 차가운 느낌이 들 때까지 약 20초간 더 흔든다.

2. 스트레이너를 사용해 칵테일을 잔에 따르고, 위에 앙고스투라 비터스를 몇 대시 올린다.

Classics

WHITE LADY
화이트 레이디

화이트 레이디는 뛰어난 비율이 돋보이는 클래식 칵테일이다. 런던 템즈의 리치몬드 쪽에 살던 좋은 친구들이 이 칵테일을 만들어 주어서 처음 마셔 보았는데, 와! 믿을 수 없을 정도였다. 활력 넘치는 찌르기를 날리는 듯했고, 어쩐지 위험하고 건방지기까지 했다. 친구들에게 칵테일을 나눠 준 바로 그 사람처럼. 셜리에게 건배를.

왜 2잔이 아닌 6잔 기준인지 궁금할 것이다. 친구들이 이 칵테일을 소개해 줄 때, 저그에 담아서 내어 주었다. 그래서 우리는 저녁 내내 점잖게 조금씩 칵테일을 홀짝일 수 있었다.

화이트 레이디는 도수가 높기도 하고, 이 칵테일을 주로 담는 디저트 와인 잔에 따라 마실 수 있는 양은 소량이다. 그러니 많은 양을 만들어 두면 여러 번 일하지 않아도 된다!

Proportions

진 2
트리플 섹 1
레몬 주스 1

Ingredients / 6잔

얼음 적당량
진 300ml (10fl oz)
트리플 섹 150ml (5fl oz)
신선한 레몬 주스 150ml (5fl oz)

To garnish

레몬 껍질 6조각

Equipment

- 섞기 위해 담는 도구 (믹싱 글라스, 유리 저그 또는 피처)
- 착즙 도구
- 젓는 도구(스터러)
- 디저트 와인 글라스 6개

Recipe

1 저그에 얼음을 넉넉하게 채우고 모든 재료를 넣은 후 부드럽게 저어준다. 스트레이너를 이용해 잔에 따른다.

2 레몬 껍질을 얇게 따낸 것을 칵테일 위에서 휘고 비틀어 에센셜 오일을 칵테일 표면에 뿌린 다음 잔에 넣는다. 바로 내놓는다.

응용하기

셰이커에 재료의 절반을 넣고 달걀흰자와 함께 10초간 흔든 후 더블 시럽(17쪽 참조)을 약간 추가하면 고급스러운 질감을 느낄 수 있다. 얼음을 셰이커 가득 더 넣고 셰이커 표면이 아주 차가워질 때까지 20초간 더 흔든다. 잔에 칵테일을 따라낸 후 나머지 재료를 넣고 같은 과정을 반복한다.

TWISTS

트위스트 칵테일: 변주를 주기

칵테일을 좀 알게 되면, 레시피를 가지고 변주를 주거나, 더 좋게 만들고 싶은 욕심이 생기는 건 당연한 일이다. 나는 늘 새 아이디어를 시도하고, 다른 방식을 사용해서 칵테일을 만들어보려 한다. 이 호기심의 결과로 만들어진 칵테일 몇 가지를 소개한다. 여러분도 클래식 칵테일을 어떻게 더 매력적으로 만들 수 있을지 생각해 보면 즐거울 것이다!

TWISTS

CLEMENTINE COSMOPOLITAN
클레멘타인 코스모폴리탄

뉴욕 여행을 떠올리게 하는 칵테일로 코스모폴리탄을 트위스트 한 것이다. 이 칵테일을 만들 때면 미국 최고의 도시에서 휴가를 보내는 듯한 기분이 든다. 클래식 코스모폴리탄도 훌륭한 칵테일이지만 클레멘타인(만감류 과일) 주스가 더해지면 한 단계 더 업그레이드된다. 여기서 팁 하나! 갓 짜낸 클레멘타인 주스를 파는 곳이 있다면 구입할 것(벅스 피즈에 넣어도 맛있다). 확실히 그냥 오렌지 주스를 넣는 것보다 훨씬 맛있다.

여기에 추가로 멋진 트위스트를 할 수 있다. 클레멘타인 주스로 잔 둘레를 적신 다음, 클레멘타인 슈가(미립당 2T와 클레멘타인 껍질을 강판에 문질러 잘게 갈아낸 것과 섞은 것)를 묻혀 멋진 가니쉬를 해 보자!

Proportions

보드카 6
트리플 섹 3
크랜베리 주스 드링크 2
클레멘타인 주스 2
라임 주스 2

Ingredients / 2잔

보드카 150ml (5fl oz)
트리플 섹 75ml (2.5fl oz)
크랜베리 주스 드링크 60ml (2fl oz)
클레멘타인 주스 60ml (2fl oz)
신선한 라임 주스 60ml (2fl oz)
얼음 셰이커 가득

To garnish

클레멘타인 휠 2조각

Equipment

- 칵테일 셰이커
- 착즙 도구
- 마티니 글라스 2개
- 파인 스트레이너

Recipe

1 칵테일 셰이커에 얼음과 모든 재료를 넣고 셰이커 표면이 아주 차가워질 때까지 약 20초간 흔들어준다.

2 스트레이너에 걸러 칵테일을 잔에 따르고, 클레멘타인 휠로 장식한다.

TWISTS

CIDER SANGRIA
사이다 상그리아

스페인 고전을 재해석한 이 레시피와 함께라면 집에서도 휴가를 즐길 수 있다! 나는 사이다(발효 사과주)가 칵테일 재료로 얼마나 다재다능한지, 심지어 레드와인과 섞여도 얼마나 잘 어울리는지를 보여주는 것을 좋아한다. 겨울철에도 햇살 아래서 한 모금 마시기 좋다.

만약 파티용으로 배치 칵테일을 만들고 싶다면 와인 750ml병을 사용하고, 다른 재료는 기존 양에 5를 곱하면 된다.

Proportions

레드 와인 6

클레멘타인 또는 오렌지 주스 6

사이다(발효 사과주) 6

시트러스 시럽 2

레몬 주스 1

브랜디 2 (선택 사항)

트리플 섹 2 (선택 사항)

Ingredients / 2잔

얼음 적당량

혼합 베리 적당량 (딸기와 라즈베리가 좋다)

얇게 썬 클레멘타인 1개

레드와인 150ml (5fl oz)
(과일 향이 나는 스페인산 레드와인이 좋다)

신선한 클레멘타인 주스 또는 오렌지 주스 150ml (5fl oz) (농축액이 아닌 것)

사이다(발효 사과주) 150ml (5fl oz)

신선한 레몬 주스 30ml (1fl oz)

시트러스 시럽 60ml (2fl oz) (18쪽 참조)

브랜디 60ml (2fl oz) (선택 사항)

트리플 섹 60ml (2fl oz) (선택 사항)

Equipment

- 섞기 위해 담는 도구 (믹싱 글라스, 유리 저그 또는 피처)
- 착즙 도구
- 젓는 도구 (스터러)
- 대용량 텀블러 또는 와인잔 2개
- 국자

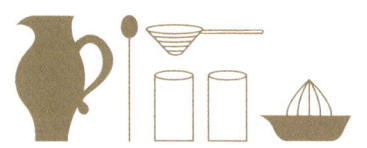

Recipe

1. 저그에 얼음을 채우고 혼합 베리류와 얇게 썬 클레멘타인을 넣는다. 레드 와인, 클레멘타인 주스, 사이다(발효 사과주), 레몬주스, 시트러스 시럽, 브랜디, 트리플 섹(브랜디와 트리플 섹은 도수를 높이고 싶다면 선택 사항)을 붓고 부드럽게 저어준다.
2. 칵테일을 잔에 떠서 담는다. 과일 또는 얼음을 각 잔에 떨어트린다.

TWISTS

SMOKY WHISKEY SOUR

스모키 위스키 사워

위스키 사워는, 지극히 주관적인 의견이긴 하지만, 즐거운 순간에 어울리는 칵테일이다. 아일랜드 더블린에서 저녁 내내 위스키 사워를 마셨던 기억도 떠오른다. 아무튼 이 클래식한 위스키 사워에 약간의 변화를 주면 더욱 만족스러운 경험을 할 수 있다. 특히 칵테일과 음식의 페어링을 선호한다면 바비큐 요리 등 육류 요리에 곁들여 먹기를 추천한다. 육류와 완벽한 조화를 이루는 칵테일이다. 버번 대신 스모키 숙성 스카치나 아이리시 위스키를 사용하고, 더블 시럽 대신 훈제 파프리카가 들어간 허니 시럽을 첨가하면 클래식 칵테일에 색다른 맛을 더해 모두가 좋아할 만한 칵테일로 변신한다.

Proportions

위스키 4
레몬 주스 2
스모키 시럽 1

Equipment

- 칵테일 셰이커
- 파인 스트레이너
- 올드패션드 글라스 2개
- 착즙 도구
- 가니쉬용 픽 2개 (혹은 이쑤시개)

Ingredients / 2잔

스카치/아이리시 위스키 240ml (8fl oz)
신선한 레몬 주스 120ml (4fl oz)
스모키 시럽 60ml (2fl oz) (17쪽 참조)
달걀흰자 1개 분량
얼음 셰이커 가득

To garnish

체리 2개
오렌지 휠 2조각

Recipe

1 칵테일 셰이커에 모든 재료를 넣고 약 10초간 흔든다. 얼음을 한줌 넣고 셰이커 표면이 아주 차가워질 때까지 20초간 더 흔든다.

2 잔에 얼음을 더 채우고 스트레이너를 사용해 칵테일을 따른다.

3 가니쉬용 픽에 체리와 오렌지 휠을 각각 하나씩 꽂아 음료에 장식한다.

TWISTS

DAIQUIRI BLUSH
다이키리 블러쉬

다이키리는 럼, 시트러스 계열 주스, 설탕 또는 기타 감미료를 주재료로 하는 칵테일의 일종이다. 전 세계 칵테일 메뉴에는 다양한 다이키리 변형이 있는데(딸기 버전도 있다!) 내가 만든 레시피는 아주 짜릿하게 흥분되고, 활기찬 편인 듯하다 베리 시럽을 사용해 은은한 과일 향과 부드러운 핑크 색조를 더했다.

Ingredients / 2잔

화이트 럼 120ml (4fl oz)

신선한 라임 주스 75ml (2.5fl oz)

베리 시럽(21쪽 참조) 또는 그레나딘 45ml (1.5fl oz)

얼음 셰이커 가득

To garnish

라임 휠 2조각

Proportions

화이트 럼 3

라임 주스 2

베리 시럽 1

Recipe

1. 셰이커에 얼음과 함께 모든 재료를 넣고 셰이커 표면이 아주 차가워질 때까지 약 20초간 흔든다.
2. 스트레이너에 걸러 칵테일을 잔에 따르고 라임 휠로 장식한다.

Equipment

- 칵테일 셰이커
- 샴페인 쿠페 2개
- 파인 스트레이너
- 착즙 도구

TWISTS

SUPERSONIC AVIATION
수퍼소닉 에이비에이션

이 칵테일은 콩코드 시대(내 부모님이 영국 브리스톨의 롤스로이스에서 근무하던 1970년대에서 1980년대 사이)를 기념하기 위해 만든 술이다. 수퍼소닉 에이비에이션에는 밝은색의 드라이 베르무트와 석류주스가 들어간다는 점이 오리지널 레시피와 다르다. 유명 베르무트 메이커인 친자노도 콩코드 시대에 비행기를 주제로 조안 콜린스와 레네즈 로시터를 등장시킨 광고를 내보낸 적이 있다. 콩코드 시대의 유산에 건배를!

Ingredients / 2잔

진 90ml (3fl oz)

드라이 화이트 베르무트 90ml (3fl oz)

마라스키노 리큐르 60ml (2fl oz)

크렘 드 바이올렛 30ml (1fl oz)

신선한 레몬 주스 75ml (2.5fl oz)

석류(또는 크랜베리) 주스 30ml (1fl oz)

얼음 가득

To garnish

마라스키노 체리 4개

Proportions

진 3

화이트 드라이 베르무트 3

마라스키노 리큐르 2

크렘 드 바이올렛 1

레몬 주스 3

석류 주스 1

Recipe

1 칵테일 셰이커에 얼음과 함께 모든 재료를 넣고 셰이커 표면이 아주 차가워질 때까지 약 20초간 흔든다.

2 스트레이너에 걸러 칵테일을 잔에 따르고 가니쉬용 픽에 꽂은 마라스키노 체리로 장식한다.

Equipment

- 칵테일 셰이커
- 마티니 글라스 2개
- 착즙 도구
- 파인 스트레이너
- 가니쉬용 픽 2개 (혹은 이쑤시개)

TWISTS

GIN FIZZ REFRESHER
진 피즈 리프레셔

저녁에 곁들일 반주로 진을 마실까, 아니면 술 대신 재미있는 탄산음료를 마실까, 딜레마에 빠져 고민될 때가 있다. 크게 고민하지 않고 둘 다 넣은 진 피즈 리프레셔를 만들면 된다. 고급스럽고, 상쾌하고, 부드러운 거품이 가득한 이 칵테일은 어떤 파티에서도 웃으며 시작할 수 있는 티켓과도 같다. 이 레시피에서는 메이플 시럽을 사용해 칵테일의 개성을 더하고 달콤함을 더했다.

개인적으로는 탄산음료와 진을 같은 비율로 섞어 만드는데, 흰자의 거품이 탄산과 같이 부드럽게 부풀어 올라 만드는 질감이 아주 좋기 때문이다. 하지만 더 산미 있는 칵테일을 원한다면 물의 양을 반으로 줄여도 좋다. 레몬이 가미된 진의 짜릿한 킥을 느낄 수 있다.

Proportions

진 4
레몬 주스 2
메이플 시럽 1
소다수 4

Ingredients / 2잔

진 210ml (7fl oz)
신선한 레몬 주스 120ml (4fl oz)
메이플 시럽 60ml (2fl oz)
달걀흰자 1개 분량
얼음 가득
소다수 210ml (7fl oz)

To garnish

레몬 껍질 2조각

Equipment

- 착즙 도구
- 칵테일 셰이커
- 젓는 도구(스터러)
- 파인 스트레이너
- 올드패션드 글라스 2개

Recipe

1 칵테일 셰이커에 진, 레몬 주스, 메이플 시럽, 달걀흰자를 넣고 약 10초간 흔든다. 얼음을 가득 넣고 셰이커 표면이 아주 차가워질 때까지 약 20초간 흔든다.

2 스트레이너에 걸러 칵테일을 잔에 따른다.

소다수를 붓는다.

3 레몬 껍질을 얇게 따낸 것을 칵테일 위에서 휘고 비틀어 에센셜 오일을 칵테일 표면에 뿌린 다음 잔에 넣는다. 바로 내놓는다.

TWISTS

SNOW WHITE RUSSIAN
스노우 화이트 러시안

화이트 러시안은 클래식 칵테일 중 크리미하고 죄악감이 들게 달콤한 칵테일이다. 일 년 중 어느 때나 마셔도 맛있지만 여기에 바닐라 아이스크림을 한 스쿱 얹어 아주 차갑고 달콤한 죄책감을 추가로 더하고자 한다. 잔에 바로 만들고 싶다면 레시피에 제시된 용량보다 반을 줄이면 된다. 비율은 유지한다. 전통적인 디저트를 대체할 수 있는 훌륭한 디저트이기도 하다.

Proportions

보드카 5
크림 3
커피 리큐르 2

To garnish

커피 리큐르 드리즐
커피 시럽 드리즐 (20쪽 참조)
설탕에 졸인 커피원두 6개

Ingredients / 2잔

바닐라 아이스크림 2스쿱
크러시드 아이스 가득 (또는 각얼음)
보드카 210ml (7fl oz)
커피 리큐르 75ml (2.5fl oz)
생크림 120ml (4fl oz)

Recipe

1 아이스크림을 냉동실에서 꺼내 잘 떠질 때까지 상온에 잠시 둔다.

2 잔에 크러시드 아이스를 절반에 못 미치도록 넣는다. 보드카를 따르고 커피 리큐르를 잔 안쪽 면에 부어 벽면에 흐르듯한 연출을 한다. 크림을 넣고 재료가 대리석 무늬를 그리도록 슬쩍 저어준다.

3 아이스크림을 스쿱으로 떠 각 잔에 올린다.

4 커피 리큐르와 커피 시럽을 카페에서 시럽을 올리듯, 지그재그 형태를 내며 뿌려준다. 원두를 얹어 장식한다.

Equipment

- 올드패션드 글라스 2개
- 아이스크림 스쿱
- 젓는 도구(스터러)

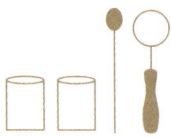

TWISTS

HOT HOT CHOCOLATE
핫 핫초콜릿

핫초콜릿은 전 세계적으로 사랑받으며 오랜 시간 다양한 형태로 발전해왔다. 이 버전은 칠리와 초콜릿이 조화롭게 어울린다는 아이디어에 착안해 트위스트 한 것이다. 이 레시피는 아일랜드 더블린에서 열린 술꾼들의 디너파티에서 술에 취해 나눈 대화의 결과물이다. 고급스러우면서도 대담하고, 앞서 말했듯이 정말 맛있다!

핫초콜릿에 시나몬의 따뜻함을 더하고 싶다면 카이엔 페퍼를 넣고 저을 때 초콜릿에 시나몬을 한 꼬집 정도 넣으면 된다.

Proportions

우유	4
크림	4
브랜디	1

Ingredients / 2잔

- 흰 우유 240ml (8fl oz)
- 생크림 240ml (8fl oz)
- 깎거나 갈거나 잘게 다진 다크 초콜릿 85g (3oz)
- 카이엔 페퍼 약간
- 브랜디 60ml (2fl oz)

To garnish

- 카이엔 페퍼 약간

Equipment

- 냄비
- 거품기나 스패출러
- 온도계 (없어도 된다)
- 받침이 있는 찻잔

Recipe

1. 냄비에 우유와 크림을 붓고 초콜릿을 넣는다. 아주 약한 불로 데우면서, 거품기나 스패출러로 초콜릿이 녹을 때까지 계속 천천히 저어준다. 온도계가 있다면 60도 이상으로 올라가지 않게 주의하며 불에서 올렸다 내렸다 하면 좋다.

2. 카이엔 페퍼를 넉넉히 두 꼬집 정도 넣고 저어준다.

3. 혼합물을 1분 정도 약간 식힌 다음 브랜디를 붓고 마지막으로 저어준다.

4. 받침이 있는 찻잔에 내용물을 옮긴다(스패출러 등을 사용해 팬에 남은 맛있는 핫초콜릿을 남김없이 쓸어내 옮기자). 마지막으로 카이엔 페퍼를 살짝 얹어 내놓는다.

TWISTS

SHANDY GAFF 21
21세기의 샌디 가프

이 칵테일의 시작은 19세기 런던으로 거슬러 올라간다. 라거와 진저에일을 2:1로 섞어 만들었는데, 여기서는 이 레시피에 약간의 변화를 주어 화창한 날 바비큐 숯이 달궈지기를 기다리는 동안 마시기 딱 좋은 술로 만들었다. 진저비어가 열기를, 사이다(발효 사과주)가 깔끔한 산미를 담당한다. 이 청량한 감각이 불로 구운 음식의 훌륭한 전채가 된다. 그야말로 21세기 리믹스다!

만약 운전을 해야 한다면, 무알코올 라거와 무알코올 사이다로 대체해도 충분히 맛있다. 요즘에는 훌륭한 무알코올 맥주가 많다.

Proportions

라거 1
진저비어 1
스파클링 사이다(발효 사과주) 1

Equipment

- 하이볼 글라스 2개
- 젓는 도구(스터러)
- 섞기 위해 담는 도구 (믹싱 글라스, 유리 저그 또는 피처)

Ingredients / 2잔

라거 210ml (7fl oz)
진저비어 210ml (7fl oz)
스파클링 사이다(발효 사과주) 210ml (7fl oz)
얼음 가득

To garnish

레몬 웨지 2조각

Recipe

1 모든 액체 재료를 냉장고에서 차갑게 식힌다.
2 잔에 얼음을 채운다.
3 모든 주류와 믹서를 저그에 넣고 부드럽게 저어 섞어준 다음 잔에 붓는다.
4 거품이 사그라지면 레몬 웨지를 비틀어 음료에 짜넣고, 가라앉혀 가니쉬로 쓴다.

TWISTS

SUMMER AFFOGATO

서머 아포가토

칵테일과 디저트의 만남이다. 개인적으로는 크리미한 바닐라 아이스크림 위에 뜨거운 에스프레소를 얹은 전통적인 아포가토를 좋아하지만, 식사 후에 먹기에는 너무 포만감이 느껴지곤 한다. 그래서 비슷한 효과를 내면서도 훨씬 가볍고 과일 향이 강하며 입안을 깔끔하게 정리해주는 칵테일을 만들었다. 이 칵테일에 들어가는 소르베는 직접 만들어도 좋고, 여력이 되지 않는다면 좋아하는 브랜드의 제품을 구입한다. 리몬첼로 대신 탄산이 없는 레모네이드를 데워 소르베 위에 부어주면 아이들도 먹을 수 있다.

Ingredients - 소르베 / 2잔

딸기 500g (11b 2oz)
미립당 115g (4oz)
물 210ml (7fl oz)
레몬즙 (레몬 1개 분량)

Ingredients - 칵테일 / 2잔

리몬첼로 210ml (7fl oz)
베리 시럽 60ml (2fl oz) (21쪽 참조)

Proportions

리몬첼로 4
베리 시럽 1

Equipment - 소르베

- 냄비
- 스패출러
- 착즙 도구
- 냉동보관용 밀폐용기
- 딸기를 으깰 도구

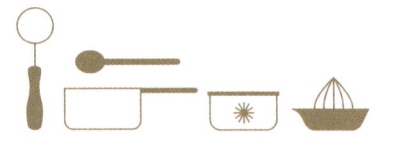

Recipe - 소르베

1. 딸기는 꼭지를 따고 큰 딸기는 반으로 자른다.
2. 냄비에 설탕과 물을 넣고 설탕이 녹을 때까지 가끔 저어가며 부드럽게 가열한다. 끓어오르면 불에서 내리고 딸기를 넣는다. 스패출러나 매셔, 국자 등을 활용해 딸기를 약간씩 뭉개준다. 레몬즙을 넣고 식을 때까지 재워둔다.
3. 식으면 혼합물을 블렌더나 푸드 프로세서에 넣고 부드러워질 때까지 갈아준다.
4. 혼합물을 아이스크림 기계에 넣는다. 얼 때까지 잘 휘젓게 가동한다. 혹은 뚜껑이 있는 냉동보관용 밀폐용기에 담아 냉동실에 넣어둔다. 얼 때까지(소요시간 약 4시간) 1시간에 한 번씩 저어준다. 소르베는 냉동실에서 최대 2개월까지 보관할 수 있다.

Recipe - 칵테일

1. 칵테일을 만들기 위해 냉동실에서 소르베를 꺼내 스쿱으로 뜰 수 있을 때까지 잠시 실온에 둔다.
2. 리몬첼로를 냄비에 넣고 약불에 천천히 데운다. 에탄올과 향기가 날아갈 수 있으므로 60도가 되기 전에 불을 끈다. 찻잔에 소르베를 한 스쿱씩 담고 소르베 위에 시럽과 리몬첼로를 차례로 붓고 티스푼으로 저어준다. 슬러시처럼 변한 칵테일을 한 모금 맛보면 끝.

Equipment / 칵테일

- 아이스크림 스쿱
- 푸드 프로세서 또는 블렌더
- 스트레이너
- 찻잔과 받침 2세트

TWISTS

TEQUILA SUNDOWNER
테킬라 선다우너

나는 달콤하고 프루티한 테킬라 선라이즈를 좋아하지만, 역시 칵테일을 마시고 싶어질 때는 주로 해질녘이기 때문에 궁극의 선다우너(해질 때쯤 마시는 술)를, 열대 과일의 풍미를 더해 개발해 보았다. 망고가 오렌지 주스를 완벽하게 보완한다. 달콤한 과일 풍미의 칵테일을 원래 좋아하지 않더라도, 다시 생각해 볼 법한 맛이다. 이 술은 버팔로 윙이나 칠리 오징어 볶음처럼 매콤한 음식의 성질과 정말 잘 어울리기 때문이다.

조금 더 마시기 편한 스타일의 롱 드링크 칵테일을 좋아한다면 달지 않은 스파클링 와인을 한 잔 정도 넣고 저어주거나 아예 술을 넣지 않고 마셔도 좋다. 아침을 생기있게 만들어줄 것이다.

Proportions

테킬라 2

망고 오렌지 주스 4

베리 시럽 또는 그레나딘 1

라임 주스 2

Ingredients - 망고 오렌지 주스 / 2잔

망고 2개

신선한 오렌지 주스 210ml (7fl oz)

Ingredients - 칵테일 / 2잔

테킬라 120ml (4fl oz)

망고 및 오렌지 주스 240ml (8fl oz) (위 참조)

신선한 라임 주스 120ml (4fl oz)

베리 시럽(21쪽 참조) 또는 그레나딘 시럽 60ml (2fl oz)

크러시드 아이스 가득 (또는 각얼음)

To garnish

마라스키노 체리 2개

오렌지 휠 2조각

Equipment - 망고 오렌지 주스

- 블렌더 또는 푸드 프로세서
- 착즙 도구
- 섞기 위해 담는 도구 (믹싱 글라스, 유리 저그 또는 피처)

Recipe

1. 망고 오렌지 주스를 만들기 위해 망고 과육을 깍둑썰기하여 블렌더에 넣는다. 오렌지 주스를 넣고 약 1분간 또는 부드러워질 때까지 갈아준다.

2. 믹싱 글라스, 유리 저그 또는 피처에 얼음을 채우고 테킬라, 오렌지 망고 주스, 라임 주스를 순서대로 붓는다.

3. 베리 시럽을 각각의 잔에 나누어 담고 크러시드 아이스를 절반 정도 채운다. 테킬라와 과일 주스 믹스를 잔에 따른다.

4. 마라스키노 체리로 장식한다. 오렌지 휠을 칵테일 우산에 비틀어 꽂고, 재사용이 가능한 리유저블 빨대로 나머지 칵테일과 시럽을 저을 수 있도록 한다.

Equipment - 칵테일

- 스트레이너
- 허리케인 글라스 2개
- 칵테일 우산 2개
- 리유저블 빨대 2개

TWISTS

THE ORCHARD DUCHESS
과수원의 공작부인

나는 그녀가 취미 음주자인 것을 알고 있었기 때문에, 내가 정말 좋아하는 칵테일들 중 하나인 〈클래식 샴페인 칵테일〉에 더해 좋아하는 과일 중 하나인 유기농 사과를 이용해 정말 사과의 특징이 잘 드러나는 변형 레시피를 만들기로 했다. 여기서는 샴페인 대신, 전통적인 방식으로 만드는 사이다(사과 발효주)를 사용하고, 포도 브랜디 대신 일반 사과 브랜디나 칼바도스를 사용한다. 각설탕은 시럽으로 대체했다. 이 칵테일은 당신이 확실하게 과일의 풍미를 느끼게 만들 것이다.

전통적 방식으로 만들어진 사이다(사과 발효주)는 스파클링 와인과 마찬가지로 750ml 병에 남겨 판매된다(샴페인처럼, 이것도 병에서 숙성된다). 한 병을 모두 사용하는 레시피이다. 6인분 정도 나온다.

Ingredients / 6잔

얼음 가득

칼바도스 또는 애플 브랜디 120ml (4fl oz)

시트러스 시럽 120ml (4fl oz) (18쪽 참조)

전통 방식으로 만든 드라이 사이다 한 병 750ml (25fl oz)

To garnish

사과 1개

Recipe

1 저그 또는 피처에 얼음을 채우고 브랜디와 시럽, 사이다를 넣은 후 부드럽게 저어준 다음 잔에 따른다.

2 사과는 씨 모양이 별처럼 보이도록 가로로 슬라이스하여 잔의 테두리에 꽂아 서빙한다.

Equipment

- 섞기 위해 담는 도구 (믹싱 글라스, 유리 저그 또는 피처)
- 젓는 도구(스터러)
- 샴페인 플루트 또는 칵테일 글라스 6개

BATCH

프리 배치 칵테일:
여럿을 위해 많은 양을 미리 준비하기

칵테일 파티를 준비할 때는 한 번에 많은 양을 준비하는 것이 아무래도 만족스러울 것이다. 이것을 프리 배치 칵테일이라고 한다. 이렇게 만들면 셰이커로 한두 잔씩 만드는 것보다 편하고 같은 시간 안에 더 많은 칵테일을 만들 수 있다. 당연히 이 챕터에 소개된 모든 술은 당신이 원한다면 1~2인용으로 만들 수 있다. 하지만 이 칵테일들은 많은 사람들을 위해 미리 배치를 만들어 두었다가 제공하기에 최적화되어 있다.

이 항목에서 우리는 와인 한 병을 통으로 쓰는 칵테일이나, 배치로 만들기 아주 쉬운 마티니 스타일의 칵테일을 종종 다룰 것이다. 대부분의 칵테일은 며칠 진에 미리 만들어도 좋지만, 그래도 웬만하면 하루 안에, 가능하면 내어놓기 직전과 가까운 시간에 준비하는 것을 추천하고 싶다.
이 책의 다른 챕터에서 소개되고 있는 프리 배치 칵테일로는 화이트 레이디(50쪽), 과수원의 공작부인(76쪽), 애플비니(125쪽), 온포도주(132쪽)도 있다.

BATCH

THE MOIRA ROSE
모이라 로즈

'어머니의 날'을 맞아 이 마티니 타입의 칵테일을 처음 고안해냈다. 모든 어머니를 위한 완벽한 기념일이라고 생각했기 때문이다. 그래서 21세기 가장 강력한 가상의 어머니 중 한 사람의 이름을 따서 명칭을 짓기로 했다. 바로 유쾌한 넷플릭스 코미디 〈쉬츠 크릭〉에 등장하는 로즈 가문의 품위 있고 독특한 어머니 모이라 로즈이다. 모이라 로즈와 그의 매력적인 가족을 위해 건배!

Ingredients / 6잔

진 480ml (16fl oz)	
로제 베르무트 300ml (10fl oz)	
석류 주스 150ml (5fl oz)	
얼음 넉넉히	
석류 알갱이 6t	
타라곤 줄기 6개	

Recipe

1. 모든 액체 재료를 저그에 붓고 저어준 후 뚜껑을 덮어 필요할 때까지 냉장고에 보관한다. 바로 칵테일을 제공하려면 저그에 얼음을 넉넉히 넣고 낸다
2. 칵테일을 잔에 따르고 석류 알갱이가 잔 바닥에 보석처럼 가라앉을 수 있도록 석류 알갱이를 한 숟가락씩 넣는다. 위에 타라곤 줄기를 띄워 장식한다.

Proportions

진 3	
로제 베르무트 2	
석류 주스 1	

Equipment

- 섞기 위해 담는 도구 (믹싱 글라스, 유리 저그 또는 피처)
- 젓는 도구(스터러)
- 마티니 글라스 6개

Ingredients / 2잔

두 사람이 마실 칵테일을 만드는 경우 양은 줄이되 비율은 같게 유지한다.

진 150ml (5fl oz)

로제 베르무트 120ml (4fl oz)

석류 주스 60ml (2fl oz)

Recipo

1 칵테일 셰이커에 얼음과 모든 음료 재료를 넣고 표면이 아주 차가워질 때까지 약 20초간 흔들어준다. 잔에 따른다. 가니시는 아까와 같다.

BATCH

RASPBERRY FROSÉ

라즈베리 프로제

지난 마이애미 여행에서 있던 일이다. 야외 풀장에서 휴식을 취하고 있는데 풀장 옆에서 영업하는 바가 마침 좋게 영업을 시작했다. 이 바에서 제공하는 칵테일은 프로제(프로즌 로제)뿐이었는데, 이것이 바로 알코올이 든 슬러시와 사랑에 빠지게 된 계기였다. 어떤 형태로든 로제 와인은 햇볕이 내리쬐는 날의 완벽한 파트너이다.

여기서 소개하는 라즈베리 프로제는 여름의 활기를 상징하는 과일, 신선한 라즈베리를 사용해 트위스트 한 것이다. 이 칵테일의 과일 향과 산미는 과일 디저트와도 아주 잘 어울린다.

To garnish

열매 과일 적당량 (나는 라즈베리, 블루베리, 딸기, 블랙베리 혼합을 좋아한다)

Ingredients / 6잔

로제 와인 750ml (25fl oz) / 1병
(가급적 색상이 옅은 유럽산 로제 와인)

라즈베리 리큐르 210ml (7fl oz)

Recipe

1 로제(1병)와 라즈베리 리큐르를 냉동보관용 밀폐용기에 붓고 뚜껑을 닫아 얼 때까지 냉동실에 넣어둔다. 하룻밤 또는 8시간 정도 그대로 두는 것이 가장 좋다. 알코올 성분 때문에 완전히 얼지 않는다.

2 최대한 얼려도 곳곳에 수분이 남아 있어 잘게 부수고 저어주기 쉽다. 버터 나이프 같은 걸로 찔러주면 큰 덩어리가 좀 부서지는데, 조금 부서지고 나면 슬러시 형태가 될 때까지 잘 저어주면 된다. 와인 글라스에 숟가락으로 떠서 담고 베리로 장식한다.

Equipment

- 냉동보관용 밀폐용기
- 숟가락
- 휘젓고 긁을 도구
- 와인글라스 6개

BATCH

CHERRY BAKEWELL MARTINI
체리 베이크웰 마티니

개인적으로 체리 베이크웰 케이크를 좋아하는데, 가득한 아몬드 향과 빵 사이를 채운 체리 잼 때문이다. 마찬가지로 체리와 아몬드 애호가라면 이 칵테일보다 완벽한 디저트 칵테일은 없을 것이다. 가장 사랑해 마지않는 애프터눈 티 케이크를 떠올리게 하면서도 무겁지 않아 저녁 식사 후 달콤한 것이 먹고 싶을 때 마시기 좋다. 또 한 가지, 식사 처음부터 끝까지, 손님으로 가득한 방에서 칵테일을 만들고 싶은 사람은 없을 테니 미리 만들어두고 식사 후에 제공하는 것이 좋다.

Proportions

아마레토 1

체리 브랜디 1

비앙코 베르무트 1

Equipment

- 섞기 위해 담는 도구
  (믹싱 글라스, 유리
  저그 또는 피처)
- 프라이팬
- 휘저을 도구
  (바스푼이나 스터러 등)
- 마티니 글라스 6개

Ingredients / 6잔

아마레토 210ml (7fl oz)

체리 브랜디 210ml (7fl oz)

비앙코 베르무트 210ml (7fl oz)

얼음 넉넉히

To garnish

아몬드 플레이크 적당량

Recipe

1. 모든 음료 재료를 저그에 붓고 저어준 후 뚜껑을 덮어 필요할 때까지 냉장고에 보관한다. 칵테일을 바로 서빙한다면 저그에 얼음이 있는지 확인한다.

2. 프라이팬에 아몬드 플레이크를 넣고 중불에서 가끔 팬을 뒤집어가며 노릇노릇해질 때까지 볶아준다. 잘 구워지면 불을 끄고 식혀준다.

3. 서빙할 준비가 되면 1에서 냉장보관해 둔 칵테일을 각각의 잔에 따르고 플레이크 아몬드 3~5개를 뿌려 장식한다.

BATCH

MINT JULEP
민트 줄렙

엄청나게 과소평가된 칵테일은 원래 미국 남쪽에서 유래했다. 원래는 위장을 가라앉히기 위해 마시는 약용 음료였다고 하는데, 1700년대 후반~1800년대 초반에 사교용 술로 인기를 끌기 시작했다. 자연스럽게 입안을 개운하게 해주는 이 아름다운 칵테일은 파티 시작 때 사람들의 관심을 끌기 좋으며, 프리배치로 준비하기도 쉬운 칵테일이다. 롱 드링크 타입으로 만들고 싶다면 다 만들고 나서 달지 않은 스파클링 와인을 금속 머그잔에 한 잔 분량 정도 추가하면 된다. 기분 좋게 상쾌함을 더한다.

Proportions

더블 시럽 1

버번 8

Ingredients / 6잔

민트 잎 60장 (혹은 양손 가득 수북하게)

더블 시럽 90ml (3fl oz) (17쪽 참조)

버번 720ml (24fl oz)

크러시드 아이스 넉넉히

To garnish

민트 줄기 6개

앙고스투라 비터스 약간

Recipe

1 민트 잎과 더블 시럽을 믹싱 글라스, 유리 저그 또는 피처에 버번을 추가해 저어준 뒤 뚜껑을 덮어 냉장고에 넣어둔다.

2 칵테일을 서빙할 준비가 되면, 차가운 금속 잔에 얼음을 채우고 1의 버번 혼합물을 꺼내 붓는다. 민트 줄기 및 앙고스투라 비터스로 장식한다.

Equipment

- 섞기 위해 담는 도구 (믹싱 글라스, 유리 저그 또는 피처)
- 금속 잔 또는 민트 줄렙용 잔 6개

BATCH

PUNCHY PEACH TEA
펀치 피치 티

펀치인가? 차(tea)인가? 당신이 좋아하는 대로 생각하자. 따스한 날 오후의 티타임에 뜨거운 홍차를 마시는 대신 프루티하고 짓궂은 느낌으로 즐겨볼 수 있다. 나는 금주법 때문에 탄생한, 찻잔과 함께 티포트에 담아 제공하는 모양새가 흥미롭다고 생각하지만, 티포트가 없을 수도 있다. 그러면 적당한 저그나 주전자에 만들어서 하이볼 글라스에 담아 마셔도 충분하다.

Proportions

홍차 5

복숭아 슈냅스 2

라임 주스 1

To garnish

민트 줄기 6개

Ingredients / 6잔

홍차 600ml (20fl oz)
(티백 3개를 사용하면 간편하다)

복숭아 슈냅스 240ml (8fl oz)

신선한 라임 주스 120ml (4fl oz)

얼음 적당량

Recipe

1 주전자에 물을 끓인 후 티백이 담긴 티포트에 붓는다. 홍차를 2분간 우린다. 티백을 건져내고 차를 식힌다.

2 차가 다 식으면 복숭아 슈냅스와 라임 주스를 넣고 저어준다. 시간이 있다면 냉장고에서 차갑게 식혀 제공하는 것이 좋지만, 어렵다면 얼음이 담긴 컵과 칵테일이 담긴 티포트를 함께 낸다.

3 신선한 민트 줄기로 장식한다.

Equipment

- 주전자
- 큰 티포트
- 휘저을 도구
  (바스푼이나 스터러 등)
- 착즙 도구
- 찻잔 세트
  (찻잔&소서) 6개
- 스트레이너

BATCH

MANGO MADNESS
망고 매드니스

망고는 아름다운 과일이다. 자체의 풍부한 트로피컬함을 생과일만 먹어도 탐닉할 수 있고, 그냥, 알기 쉽게 아주 맛있다. 하지만 패션프루트와 짝을 지우면 더 끝내주는 일이 일어난다. 나는 이 조합으로 어느 계절에 있든 여름의 햇살을 문 앞으로 끌고 올 수 있는 칵테일을 만들어 보았다.

좀 더 달콤한 맛과 과일의 풍미를 칵테일에 더하고 싶다면, 칵테일을 따르기 전에 잔 바닥에 베리 시럽(21쪽 참조) 15ml (0.5oz)를 추가할 수 있다.

Proportions

망고 퓌레 4

패션프루트 퓌레 1

라임 주스 1

Ingredients - 망고 퓌레

큐브 형태의 망고 750g
(잘 익은 망고 약 3개)

물 150ml (5fl oz)

Ingredients - 칵테일 / 6잔

각얼음 적당량

망고 퓌레 600ml (20fl oz)

패션프루트 퓌레 150ml (5fl oz)
(시중에서 쉽게 구할 수 있음)

신선한 라임 주스 150ml (5fl oz)

화이트 럼 300ml (10fl oz)

크러시드 아이스 넉넉히

To garnish

패션프루트 과육 2개

라임 웨지 6조각

Equipment - 망고 퓌레

- 블렌더 또는 푸드 프로세서
- 착즙 도구
- 체
- 밀폐 용기

Recipe

1. 망고 퓌레를 만들기 위해 다이스 형태의 망고(냉동 망고를 사도 괜찮다)를 물과 함께 블렌더에 넣고 부드러워질 때까지 갈아준다. 서두르지 말자! 다 됐다고 생각되더라도 아주 부드러워질 때까지 계속 간다.

2. 숟가락 뒷면으로 과육을 눌러 체에 문질러 가며 걸러내어 밀폐 용기에 담는다. 필요할 때까지 냉장 보관한다. 최대 3일간 보관할 수 있다. 아니면 냉동 보관해도 좋다.

3. 재료를 많이 담을 수 있는 도구(저그나 피처)에 얼음을 넣고 망고 퓌레, 패션프루트 퓌레, 라임 주스, 화이트 럼을 넣는다. 모든 재료가 잘 섞일 때까지 저어준다.

4. 잔에 크러시드 아이스를 채우고 3의 혼합물을 따라낸다. 이때 저그의 얼음이 잔에 들어가지 않도록 주의한다.

5. 각 잔에 패션프루트 과육을 숟가락으로 떠서 올리고(혹시 와작와작한 식감을 좋아한다면 씨앗도 같이 먹어도 된다) 라임 웨지를 얹는다. 마지막으로 리유저블 빨대로 장식한다.

Equipment - 칵테일

- 섞기 위해 담는 도구 (믹싱 글라스, 유리 저그 또는 피처)
- 허리케인 글라스 6개
- 휘저을 도구 (바스푼이나 스터러 등)
- 리유저블 빨대 2개

BATCH

BANANARUMA
바나나루마

좋아하는 걸그룹 '바나나라마'에서 이름을 딴 이 칵테일은 원래 술이 들어간 스무디를 상상하며 개발했다. 친구들과 함께 맛보면서, 이 칵테일은 저녁 식사 후 크림 리큐르를 마실 때처럼 작은 잔에 마시는 것이 훨씬 맛있다는 사실을 깨달았다. 개인적으로 바나나와 땅콩버터의 조합을 좋아한다. 거기에 스파이스드 럼을 넣으면 그 맛이 더욱 훌륭해진다.

저염 땅콩버터를 사용할 경우 소금만 넣는다. 나는 땅콩이 로스트된 풍미를 좋아해서 땅콩버터를 사용하는 편이지만, 취향에 맞게 좋아하는 다른 너트 버터(헤이즐넛, 마카다미아 등 뭐든지!)를 자유롭게 사용해도 좋다. 또한, 코코넛 밀크를 사용하면 이 칵테일을 유제품 없이 만들 수 있다.

Ingredients / 6잔

바나나 2개

흰 우유 300ml (10fl oz)

땅콩버터 4T (입자감이 있는 청키 타입이든 부드럽게 발리는 스무스 타입이든 상관 없다)

스파이스드 럼 210ml (7fl oz)

소금 약간 (선택 사항)

To garnish

소금에 절이지 않은 볶은 땅콩 약간

Recipe

1. 바나나는 껍질을 벗기고 토막 내어 블렌더에 넣는다. 우유, 땅콩버터, 럼, 소금을 넣고 1분간 갈아준다. 냉장고에서 최대 3일 동안 신선하게 보관할 수 있다.

2. 준비가 완료되면 1의 음료를 잔에 부어준다. 땅콩을 부수어 위에 솔솔 뿌려준다.

Equipment

- 블렌더 또는 푸드 프로세서
- 주정강화 와인용 글라스 6개

BATCH

PEAR ORCHARD WARMER
페어 오차드 워머

우스꽝스러워 보일 정도로 단순하고, 웃음이 절로 나올 정도로 맛있다! 나는 이 레시피에 여러 가지를 추가하며 좀 더 맛있게 만들어 보려고 시도했는데, 뭘 내놓든 항상 반응이 너무 좋아서 굳이 깊게 고민할 필요가 없다는 결론을 내렸다. 밖에서 사람들과 어울릴 수 있는 모든 핑계를 좋아하는 사람으로서, 이 칵테일은 조금 추울 때 야외 모임(늦은 밤의 바비큐 파티나 모닥불 파티)에 딱 맞다. 이 칵테일을 마실 때마다 당신은 이토록 쉽게 몸을 따뜻하게 데울 수 있다니, 향신료의 풍미에 놀랄지도 모른다.

Ingredients / 6잔

맑게 걸러내지 않은 착즙 배 주스 600ml (20fl oz) (사과로 대체 가능)

스파이스드 럼 300ml (10fl oz) (위스키 또는 브랜디로 대체 가능)

통 너트메그(육두구) 1개

To garnish

배 1조각 (세로로 등분되어 슬라이스 된 형태)

Recipe

1. 냄비에 배 주스를 넣고 가끔 저어가며 끓인다. 끓기 시작하면 바로 불을 끈다.

2. 스파이스드 럼을 넣고 저어준다. 칵테일을 컵에 담고 그 위에 너트메그를 살짝 갈아 올린다. 컵 옆쪽에 배 슬라이스를 곁들여 장식한다.

Proportions

맑게 걸러내지 않은 착즙 배 주스 2

스파이스드 럼 1

Equipment

- 냄비
- 스패출러 혹은 저을 도구
- 향신료 그레이터 (없을 경우 칼로 얇게 깎아낸다)

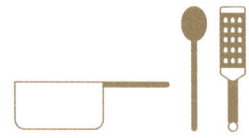

Equipment

- 손잡이가 있는 내열 컵(금속 컵이 좋다) 6개
  (또는 찻잔이나 커피 머그잔)

BATCH

PLUM SAKETINI
플럼 사케티니

우메슈는 일본의 불가사의 중 하나이다. 우아하고 잘 익은 과일의 풍미가 독특한 술이다. 특히 매실과 생강은 천상의 조합이다. 크럼블(과일 위에 버터, 밀가루, 설탕 등을 섞어 만든 반죽을 덮어 오븐에 구운 영국의 전통 디저트)을 만들 때 매실에 생강을 넣어본 적 있는가? 없다면 꼭 한 번 해보기를 바란다. 크럼블을 만들기 부담스럽다면 대신 이 칵테일을 만들어보자. 매실주를 베이스로 한 마티니 타입의 칵테일에 알싸한 진저 시럽과 생각만 해도 입에 침이 고일 듯 상큼한, 신선한 라임 주스를 더한 것이다. 정말 맛있다!

Proportions

우메슈 4

진저 시럽 1

라임 주스 1

Ingredients / 6잔

얼음 넉넉히

우메슈 600ml (20fl oz)

진저 시럽 150ml (5fl oz) (19쪽 참조)

신선한 라임 주스 150ml (5fl oz)

To garnish

라임 휠 6조각

Recipe

1 바로 마실 거면 큰 저그나 피처에 얼음을 넣고 모든 액체 재료를 넣는다. 내용물이 충분히 차가워질 때까지 부드럽게 저어준다. 잔에 따르고, 잔 테두리를 라임 휠로 장식한다.

2 프리 배치 칵테일로 만드는 경우, 모든 액체 재료를 저그에 넣되 얼음은 넣지 않는다. 서빙하기 전까지 냉장고에 보관한다.

Equipment

- 섞기 위해 담는 도구 (믹싱 글라스, 유리 저그 또는 피처)
- 휘저을 도구 (바스푼이나 스터러 등)

Ingredients / 2잔

비율을 그대로 하면 소량으로도 만들 수 있다.

우메슈 210ml (7fl oz)

진저 시럽 60ml (2fl oz) (19쪽 참조)

신선한 라임 주스 60ml (2fl oz)

라임 휠 2조각

Recipe

1. 모든 재료를 얼음과 함께 믹싱 글라스, 저그나 피처에 넣고 저어준다. 만약 셰이커를 사용할 경우 셰이커에 얼음을 가득 채우고 모든 액체 재료를 넣고 아주 차가워질 때까지 약 20초간 흔들어준다. 잔에 따르고 잔 테두리를 라임 휠로 장식한다.

Equipment

- 걸러내는 도구 (스트레이너, 눈이 고운 체 등)
- 착즙 도구
- 마티니 글라스 6개

BATCH

ZESTY HOT TODDY
제스티 핫 토디

긴장을 녹이고 원기를 회복하고, 편안하지만 눈이 반짝 뜨이는 것을 찾는다면 핫 토디 만한 게 있을까? 물론 거기에 톡톡 튀는 포인트가 될 터치를 찾게 될 수도 있다. 나는 트리플 섹의 강렬한 풍미와 도수를 더해 보았다. 확실히 몸을 활기차게 만들어줄 것이다. 밤에 야외에서 마시기에도 좋다. 위스키를 버번, 브랜디, 스파이스드 럼으로 대체해도 좋다.

Ingredients / 6잔

물 1.2l (40fl oz)

위스키 210ml (7fl oz)

트리플 섹 150ml (5fl oz)

꿀 60ml (2fl oz)

시나몬 스틱 2개 (반으로 부러뜨린다)

정향 4개

팔각 3개

레몬즙 (1개 분량)

Proportions

물 24

위스키 4

트리플 섹 3

꿀 1

Recipe

1. 냄비에 물, 위스키, 트리플 섹, 꿀을 시나몬 스틱, 정향, 팔각과 함께 넣고 약불에서 부드럽게 가열한다. 끓지 않게 한다. 60도가 되기 전에 불을 끈다.

2. 데워지면 레몬즙을 넣는다.

3. 내열 컵에 나누어 담고 컵에 향신료가 조금씩 들어갈 수 있도록 나눠준다.

4. 레몬 휠을 띄워 장식한다.

To garnish

레몬 휠 6조각

Equipment

- 걸러내는 도구 (스트레이너, 눈이 고운 체 등)
- 냄비
- 착즙 도구
- 손잡이가 있는 내열 컵 6개*

*유리컵이나 황동 또는 구리로 된 금속 재질의 컵이 좋다.

BATCH

CAULDRON EGGNOG

콜드론 에그노그

완벽한 에그노그를 찾기 위해 꽤 많은 시간을 보냈다(나는 에그노그를 좋아한다. 미국에서의 겨울 휴가를 떠올리게 하기도 하고). 완벽하게 딱 좋다 싶은 레시피를 만들어내는 게 좀처럼 잘되지 않았는데, 이젠 상관없다. 왜냐하면 우연히 내 좋은 친구가 그들 버전의 레시피를 내게 소개해 주어서, 그보다 더 좋은 걸 찾을 필요가 없어졌기 때문이다! 이 '콜드론 에그노그'는 앞서 말한 에그노그 레시피를 고안한 셰프 헨리 엘든이 운영하는 레스토랑(브리스톨에 있다) '더 콜드론'에서 그 이름을 따왔다. 이름에서도 알 수 있듯이 할로윈 저녁은 물론 크리스마스에도 아주 어울리는 달콤한 디저트이다.

전통적으로 에그노그는 손잡이가 달린 머그잔(노긴즈라고 부른다)에 마신다. 알고 있다. 하지만 나는, 맛이 아주 달콤하고 풍부한 술은 주정강화 와인용 글라스에 조금씩 담아 홀짝홀짝 마시는 것을 좋아한다.

이 레시피대로 술을 만들기 위해서는 온도계가 필요하다.

Ingredients / 8잔

흰 우유 1l (34fl oz)

정향 5개

시나몬 스틱 2개

달걀노른자 12개

설탕 300g (10oz)

세로로 칼집을 낸 바닐라 꼬투리(콩) 1개

더블 크림 1l (34fl oz)

버번 300ml (10fl oz)

통 너트메그 1개

Recipe

1 냄비에 우유와 정향, 시나몬 스틱을 넣고 가열하다가 가장자리에 살짝 기포가 보이면 불을 끈다.

2 별도의 그릇에서는, 달걀 노른자와 설

Equipment

- 냄비
- 거품기
- 강판
- 멸균 밀폐 용기 (병 모양이 좋다)

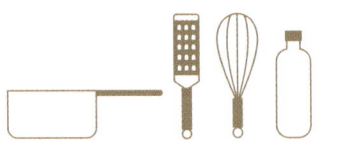

탕을 넣고 바닐라 꼬투리에서 씨를 긁어 내어 넣는다. 가볍고 폭신하게 거품이 올라올 때까지 휘젓는다(남은 흰자는 머랭이나 오믈렛을 만들 때 사용하자).

3 뜨거운 우유를 2의 달걀 혼합물에 조금만 붓고 잘 저은 다음, 혼합물을 냄비로 다시 옮긴다. 냄비에서 82°C까지 천천히 가열하면서 계속 저어준다. 온도계가 없다면 정말 천천히 가열하는 게 좋다. 너무 빠르게 가열되면 혼합물이 뭉쳐서 엉망이 될 수 있다.

4 불을 끄고 빠르게 식힌다. 어느 정도 열기가 사라지면 냉장고에 넣는다. 차갑게 식혀 둔다.

5 식히는 동안 병을 끓는 물에 소독한다. 소독 후에는 병을 충분히 말려준다.

6 냉장고에 넣어 둔 커스터드 혼합물이 완전히 차가워지면 크림과 버번을 섞고 너트메그를 향신료 그레이터로 깎아 넣는다. 깔때기를 사용해 멸균해둔 용기에 붓는다.

7 주정강화 와인용 잔에, 용기에 담았던 음료를 따라 준다. 이때 병을 한번 흔들어 주면 좋다. 너트메그를 충분히 갈아 그 위에 얹어준다.

8 자, 이제 마실 준비가 되었다! 남은 것은 냉장 보관한다. 보관 기간은 최대 7일이다.

Equipment

- 주정강화 와인용 글라스 (또는 손잡이가 달린 유리잔) 8개
- 온도계 (끝 부분을 찔러넣어 온도를 재는 형태가 좋다)

BATCH

SUMMER SUNSET
서머 선셋

시트러스의 맛과 향만큼 여름을 잘 표현하는 것은 없다. 특히 진을 곁들이면 석양을 바라보며 한 모금 하기 아주 좋아진다. 이 칵테일은 자몽, 레몬, 라임의 상큼함을 조금 누그러뜨리기 위해 약간의 달콤함을 필요로 한다. 찬장 뒤쪽에 숨어 있는 먼지 쌓인 달콤한 주정강화 와인을 활용할 절호의 기회이다. 주정강화 와인을 더블 시럽을 대신해 최고의 선다우너에 넣어보자. 이 자리를 빌어 이 칵테일의 개발에 도움을 준 영국 켄트, 켄티시 헤어에서 근무하는 믹솔로지스트 에스테르 보스웰에게 감사의 인사를 전한다. 주정강화 와인을 단맛을 주는 재료로 사용하자는 아이디어는 정말이지 천재적이었다!

Proportions

진 4

핑크 자몽 주스 4

소테른 와인 6

시트러스 주스 1

Ingredients / 6잔

으깬 라즈베리 (18개 분량)

대형 큐브 얼음 4개

진 300ml (10fl oz)

핑크 자몽 주스 300ml (10fl oz)

소테른 와인 (혹은 알코올도수가 낮고 달콤한 주정강화 와인) 480m (16fl oz)

신선한 시트러스 주스 75ml (2.5fl oz) (레몬과 라임 혼합물)

베리 시럽 6t (21쪽 참조)

To garnish

핑크 자몽 휠 6조각

Equipment

- 막자와 막자 사발
- 체
- 착즙 도구
- 재료를 많이 담을 수 있는 도구(저그와 피처)

Recipe

1. 라즈베리를 으깬 다음(막자에 으깨는 것이 가장 쉽다) 체에 걸러 과육을 따로 보관한다.
2. 저그에 얼음을 채우고 액체 재료를 모두 넣고 부드럽게 저어준다. 미리 만들어두는 경우 저그에 얼음을 넣지 않는다. 서빙할 때까지 냉장 보관한다.
3. 잔에 얼음을 채우고 칵테일을 따른다. 잔 옆쪽에 핑크 자몽 휠로 장식한다. 석양을 표현한 것이다.

Equipment

- 휘저을 도구 (바스푼이나 스터러 등)
- 하이볼 글라스 6개

BATCH

IRISH COFFEE STOUT SHAKE
아이리시 커피 스타우트 셰이크

아이리시 스타우트는 술을 만들거나 요리할 때 사용하기 좋은 재료이다. 여기에 아이리시 크림 리큐르(베일리스 등)를 곁들이면 아일랜드의 가장 훌륭한 두 가지 음료를 한 번에 즐길 수 있다. 아이리시 크림 리큐르는 만들기가 쉽고 한 번에 대량으로 만들어 보관해도 괜찮아서 번거로움이 적은 편이다. 크림 리큐르의 농도는 제각각이므로 칵테일에 필요한 벨벳 질감을 더할 수 있는 진한 농도의 제품을 사용한다. 농도가 약간 묽다고 생각되면 더블 크림 한 스푼을 추가한다. 유제품이 함유되지 않는 버전을 원한다면 코코넛 크림 베이스 리큐르를 사용한다.

Proportions

아이리시 스타우트 6

아이리시 크림 리큐르 3

커피 시럽 1

Equipment

- 재료를 많이 담을 수 있는 도구(저그와 피처)
- 마티니 글라스 6개
- 휘저을 도구 (바스푼이나 스터러 등)

Ingredients / 6잔

아이리시 스타우트 600ml (20fl oz)

아이리시 크림 리큐르 300ml (10fl oz)

커피 시럽 105ml (3.5fl oz) (20쪽 참조)

얼음 넉넉히

To garnish

초콜릿을 코팅한 커피 원두 6개

Recipe

1. 모든 재료를 차갑게 식힌다.
2. 저그에 얼음을 채우고 모든 액체 재료를 넣은 후 부드럽게 저어준다. 마티니 글라스에 따른다.
3. 초콜릿을 덧입힌 커피 원두로 장식한다.
4. 미리 만들어두는 경우에는 저그에 얼음을 넣지 않는다. 완성된 칵테일은 뚜껑을 덮어 필요할 때까지 냉장고에 보관한다(가니쉬는 서빙할 때 올린다).

BATCH

LEMON DROP FIZZ

레몬 드롭 피즈

아이 러브 시트러스! 게다가 레몬은 계절 상관없이 여름의 청량함을 안겨준다. 시트러스 베이스의 탄산 칵테일은 대부분 더블 시럽을 사용하는데, 레트로 무드의 숨겨진 보석 즉 '아스티'라고 불리는 저렴한 가격의 북부 이탈리아산의 달콤한 발포 와인을 사용하면 굳이 시럽을 쓸 필요가 없다. 이 칵테일에는 딱 세 가지 재료만 들어가 있어 만들기도 아주 쉽다. 또 이 칵테일은 스파클링 와인을 즐기는 가장 좋은 방법 중 하나이기도 하다.

Ingredients / 6잔

보드카 300ml (10fl oz)

레몬즙 150ml (5fl oz)
(나는 펄프가 씹히는 맛을 좋아하기 때문에 굳이 레몬즙을 걸러서 쓰지는 않는다)

모스카토 다스티 또는 유사한 스위트 스파클링 와인 750ml (25fl oz)/1병

얼음 적당량

To garnish

레몬 버베나 또는 레몬밤 또는 레몬 슬라이스 1조각

Recipe

1 저그에 얼음을 채우고 보드카를 부은 다음 레몬즙을 넣는다.

2 발포 와인은 거품이 너무 많이 생기지 않도록 조심스럽게 따른다. 부드럽게 저어준 다음 샴페인 플루트에 따른다.

3 레몬 버베나 또는 레몬밤으로 장식한다. 레몬 버베나 대신 타라곤 장식을 올려도 멋지다.

Equipment

- 재료를 많이 담을 수 있는 도구(저그와 피처)
- 착즙 도구
- 휘저을 도구 (바스푼이나 스터러 등)
- 샴페인 플루트 6개

SEASONAL

시즈널 칵테일: 계절감이 있는 칵테일

나는 계절을 따라 먹고 마시는 것을 좋아한다. 계절의 풍미를 사용하는 것은, 일 년 동안을 흥미롭게 만드는 일이며, 다가오는 계절을 향해 나아가는 일이다. 이미 아는 맛을 선택하고, 익숙한 선호를 따라가는 것은 쉽다. 하지만 시기에 따른 변화를 주면, 모든 것이 흥미로워진다. 당신의 앞에 몇 가지 사랑스러운 아이디어로 만들어낸, 칵테일 시간을 다채롭게 만들 계절 한 모금을 내놓았다. 홀짝여 보시라.

SEASONAL
· SPRING ·

COGNAC KICKER

코냑 키커

좋은 브랜디는 브랜디 버터를 만들거나 요리에 활용하는 것뿐만 아니라 술 그 자체로서도 찬사를 받을 필요가 있다. 코냑은 프랑스 서부에서 생산되는 정말 좋은 술로, 칵테일뿐 아니라 롱 드링크를 만드는 재료로서도 훌륭하다. 코냑이 들어간 칵테일은 불에 구운 음식을 완벽하게 만드는 것 같다. 이른 봄날 첫 바비큐와 함께한다면, 이 칵테일은 몸과 마음에 따스함과 활력을 동시에 같은 비율로 불어넣을 것이다. 코냑으로 칵테일을 만들어본 적이 없다면, 이것을 시도해 봤으면 좋겠다. 이 칵테일이 코냑과 진저에일이 잘 어울린다는 사실을 확실하게 증명해줄 것이다.

Ingredients / 2잔

코냑 120ml (4fl oz)

진저에일 300ml (10fl oz)

신선한 라임 주스 60ml (2fl oz)

앙고스투라 비터스 약간

얼음 약간

To garnish

라임 웨지 2조각

Recipe

1 잔에 각얼음을 채운다. 믹싱 글라스, 유리 저그 또는 피처에 라임 주스와 코냑, 진저에일을 차례대로 넣고 부드럽게 저어준다. 앙고스투라 비터스를 추가한다.

2 스트레이너에 걸러 잔에 따르고, 라임 웨지로 장식한다.

Proportions

코냑 2

진저에일 6

라임 주스 1

Equipment

- 섞기 위해 담는 도구 (믹싱 글라스, 유리 저그 또는 피처)
- 파인 스트레이너 혹은 거르는 도구
- 하이볼 글라스 2개 • 착즙 도구
- 젓는 도구(스터러)

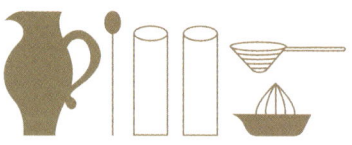

SEASONAL
· SPRING ·

TWINKLE TOES
트윙클 토즈

즐거움으로 가득한 런던의 웨스트엔드에서 새벽까지 칵테일을 마시며 춤을 추는 것을 좋아한다. 이 칵테일은 처음 이걸 마셔보았던 '더 아이비'에서의 신나는 순간을 떠올리게 한다. 달지 않은 스파클링 와인과 엘더플라워 요소가 더해진 칵테일에는 대단히 많은 변종이 있지만, 이 칵테일은 특히 엘더플라워가 피기 시작하는 늦봄에 마시면 그 맛이 일품이다. 여기서는 상큼한 레몬을 넣어 트위스트 했는데, (클럽에서) 춤을 추며 마시면 놀랍도록 유혹적인 칵테일이 된다.

Ingredients / 2잔

보드카 30ml (1fl oz)

엘더플라워 리큐르 60ml (2fl oz)

신선한 레몬 주스 30ml (1fl oz)

달지 않은 스파클링 와인 150ml (5fl oz)

각얼음 셰이커 가득

To garnish

레몬 껍질 2개

Recipe

1. 셰이커에 얼음과 함께 보드카, 엘더플라워 리큐르, 레몬 주스를 넣고 셰이커 표면이 아주 차가워질 때까지 약 20초간 흔든다.

2. 스트레이너에 걸러 잔에 따르고 달지 않은 스파클링 와인을 가득 채운다.

3. 레몬 껍질을 얇게 따낸 것을 칵테일 위에서 휘고 비틀어 에센셜 오일을 칵테일 표면에 뿌린 다음 잔에 넣는다. 바로 내놓는다.

Proportions

보드카 1

엘더플라워 리큐르 2

레몬 주스 1

달지 않은 스파클링 와인 6

Equipment

- 칵테일 셰이커
- 샴페인 쿠페 2개
- 착즙 도구
- 파인 스트레이너 혹은 거르는 도구

SEASONAL
· SPRING ·

DARK CHOCOLATE RASPBERRY DREAM

다크 초콜릿 라즈베리 드림

이 칵테일을 처음 만든 것은 부활절을 기념하기 위해 영국에서 가장 인기 있는 TV진행자 중 한 명인 앨런 티치마쉬의 TV쇼에 출연했을 때였다. 당시 앨런은 이 칵테일을 '터무니없는'이라고 표현했다. 이맘때면 우리 모두 초콜릿을 즐겨먹는데 초콜릿이 꼭 달걀 모양일 필요는 없다.* 달걀은 내려놓고 과일 향으로 가득한 이 아름다운 초콜릿을 맛보자. 라즈베리와 다크 초콜릿의 조합은 그야말로 환상적이다.

동결 건조 라즈베리는 생 라즈베리보다 생생한 맛을 낸다. 무알코올 버전은 라즈베리 리큐르를 베리 시럽(71쪽 참조)으로 대체하고, 사용하는 다크 초콜릿이 너무 달지는 않은지 확인한다.

*서양에서는 부활절을 기념하여 다양한 부활절 초콜릿을 판매한다. 달걀 모양이 가장 보편적이다.

Proportions

우유 1
크림 1
라즈베리 리큐르 2

Ingredients / 2잔

흰 우유 120ml (4fl oz)
더블(진한) 크림 120ml (4fl oz)
라즈베리 리큐르 200ml (7fl oz)
깎거나 갈거나 잘게 썬 다크 초콜릿 35g (11oz)
동결 건조 (또는 생) 라즈베리 6개
얼음 적당량 (선택 사항)

Equipment

- 냄비
- 거품기
- 나무숟가락 또는 주걱
- 멸균 용기
- 마티니 글라스 2개

Recipe

1 냄비에 우유와 크림을 붓고 초콜릿을 넣는다.

2 1의 우유와 크림 혼합물이 끓어오르고 초콜릿이 녹을 때까지 계속 저어가며 부드럽게 가열한다. 자, 이제 맛있는 핫 초콜릿이 완성되었다.

3 핫 초콜릿을 5분 정도 식힌 다음 라즈베리 리큐르를 붓고 저어준다.

4 실온에서 열기를 식히고 깨끗한 멸균 용기에 부어준 다음 1시간 이상 냉장 보관한다.

미리 만들어 둘 경우 냉장고에서 3일간 보관할 수 있으며, 마시기 전에 흔들어준다.

5 시간이 넉넉하지 않다면, 2에서 완성한 핫 초콜릿을 약 10분 정도 열기를 식혔다가 칵테일 셰이커에 얼음과 함께 넣고 셰이커 표면이 아주 차가워질 때까지 약 20초간 흔든다.

6 마티니 글라스에 따르고, 동결 건조한 라즈베리로 장식한다.

SEASONAL
· SUMMER ·

BASIL BALL BASH
바질 볼 배쉬

1980~1990년대 음악을 듣고 자란 사람으로서, 보이밴드 '뉴 키즈 온 더 블록'의 멤버 대니 우드가 음식과 술 마니아라는 사실을 알게 됐을 때 매우 기뻤다. 우리는 한동안 SNS상에서 서로를 팔로우 해왔는데, 그가 만들어 올린 칵테일 사진을 보고 완전히 매료되었다. 나는 더운 여름철 향신료로 바질을 아주 즐겨 먹는 탓에(칵테일 재료로서 바질은 과소평가되었다!) 대니에게 그 칵테일 레시피에 바질을 추가해 이 책에 실어도 되냐고 물었고 그는 흔쾌히 허락을 했다. 이 칵테일은 오래된 LP를 들으며 즐기기에 완벽한 술이다. 그야말로 '옳은 것'이다.

이 칵테일이 '바질 볼 배쉬'로 불리는 이유는 대니가 올드패션드 잔에 큰 원형 얼음 한 조각을 넣어 마시는 것을 좋아했기 때문이다. 지구본 모양의 얼음을 만들기 위해서는 얼음 틀을 구입해야 하는데, 그만한 가치가 있다.

Proportions

보드카 6
라임 주스 1
더블 시럽 2

Ingredients / 2잔

바질 잎 16~20장 (잎이 큰 것이 좋다)
보드카 150ml (5fl oz)
신선한 라임 주스 30ml (1fl oz)
더블 시럽 60ml (2fl oz) (17쪽 참조)
얼음 적당량
소다수 약간

Equipment

- 칵테일 셰이커
- 올드패션드 글라스 2개
- 착즙 도구
- 머들러 또는 나무숟가락 또는 롤링 핀
- 파인 스트레이너 혹은 거르는 도구

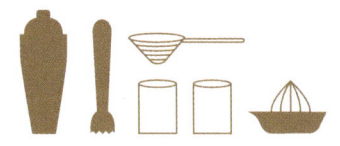

To garnish

큰 구형 얼음

오이 슬라이스 6조각

라임 웨지 2조각

바질 잎 4장

Recipe

1. 칵테일 셰이커에 바질 잎을 넣고 으깬다. 이어 보드카, 라임 주스, 더블 시럽과 얼음을 넣고 셰이커 표면이 아주 차가워질 때까지 약 20초간 흔든다.

2. 잔에 얼음을 채우고 1의 칵테일을 스트레이너에 걸러 잔에 따른다. 원할 경우 소다수를 가득 채운다.

SEASONAL
· SUMMER ·

PINEAPPLE SMASH

파인애플 스매쉬

나는 파인애플과 그 과일의 모든 매력적인 점을 다 좋아한다. 특히나 향긋하고 달콤하고 아름다운 무엇이 있을 때 종종 여름의 열기로 그것을 타락시켜 버리고 싶다는 생각을 할 때가 있다. 칠리 플레이크를 살짝 곁들인 파인애플은 착한 아이 옆에 장난꾸러기 아이를 앉혀 놓은 것 같은 느낌이지만, 뭐, 정반대끼리는 끌리기 마련 아닌가. 이 대담한 조화는 다양한 방식의 응용으로도 잘 작동한다. 바질과 화이트 럼, 라임 주스를 더한 이 칵테일은 폭발적인 풍미를 보여준다. 이 상쾌한 처방은, 당신을 차갑게 식히면서도 뜨겁게 달굴 것이다.

Ingredients / 2잔

화이트 럼 120ml (4fl oz)

레드 칠리 반 개

바질 잎 8장

파인애플 주스 210ml (7fl oz)

신선한 라임 주스 60ml (2fl oz)

달걀흰자 1개 분량

얼음 적당량

달지 않은 스파클링 와인 (선택 사항)

To garnish

라임 제스트 조각

Proportions

화이트 럼 2

파인애플 주스 4

라임 주스 1

Equipment

- 올드패션드 글라스 2개 (혹은 스파클링 와인을 더할 거라면 하이볼 글라스도 좋다)
- 칵테일 셰이커
- 착즙 도구
- 머들러
- 파인 스트레이너

Recipe

1. 셰이커에 럼, 칠리, 바질 잎을 넣고 머들링한다. 파인애플 주스를 넣고, 라임 주스와 달걀흰자를 넣고 얼음 없이 10초 정도 흔든 다음, 셰이커를 열고 얼음을 가득 채운 뒤 20초 정도 더 흔든다. 손으로 만져 봤을 때 굉장히 차가우면 다 된 것이다.

2. 칵테일 글라스에 얼음을 가득 채우고 스트레이너로 걸러가며 칵테일을 따른다.

3. 가니쉬를 위해서 라임 껍질을 휘고 비틀어 에센셜 오일을 칵테일 표면에 뿌린 다음 잔에 넣는다. 바로 내놓는다.

4. 만일 롱 드링크로 만든다면, 조금 플러티니 같아지지만, 달지 않은 스파클링 와인으로 채운다.

SEASONAL
· SUMMER ·

THE NEON YUZU
네온 유즈

일본의 맛은 이 나라를 직접 방문했을 때 볼 수 있는 다양한 장소만큼이나 인상적이고 흥미진진하다. 일본에 대한 가장 생생한 기억 중 하나는 오사카의 화려한 불빛 아래에서 여름 특유의 개성을 지닌 작은 감귤류 과일 유자의 놀라운 맛을 경험한 것이다. 이러한 기억을 떠올리며 일본의 나이트 라이프를 경험할 때 느낄 수 있는 짜릿함을 담은 칵테일을 만들고 싶었다. 덧붙여, 유즈슈는 가라오케 파티에 곁들이기에도 완벽한 음료다!

Proportions

유즈슈 4

보드카 2

시트러스 시럽 1

Ingredients / 2잔

유즈슈 210ml (7fl oz)

보드카 120ml (4fl oz)

시트러스 시럽 60ml (2fl oz) (18쪽 참조)

달걀흰자 1개 분량

얼음 넉넉히

To garnish

타이 바질 줄기 2개

Recipe

1 칵테일 셰이커에 유즈슈, 보드카, 시트러스 시럽, 달걀흰자를 넣고 약 10초간 흔든다. 추가로 얼음을 셰이커에 가득 채우고 셰이커 표면이 아주 차가워질 때까지 약 20초간 더 흔든다. 완성된 칵테일은 샴페인 쿠페에 따른다.

2 바질 줄기 끝을 엄지와 집게손가락으로 잡고 도마를 5번 정도 두드려 향을 낸 뒤 칵테일 상단에 장식한다.

Equipment

• 칵테일 셰이커
• 샴페인 쿠페 2개

SEASONAL
· FALL ·

WHISKY MAC +

위스키 맥플러스

20세기 초 헥터 '파이팅 맥' 맥도널드 대령이 위스키와 생강의 따뜻하고 화끈한 맛을 조합하여 만든 클래식 칵테일이다. 진저 와인은 흔히 볼 수 있는 술은 아니지만, 스카치와 잘 어울린다. 요즘은 취향에 따라 와인과 위스키의 비율을 달리하여 마시는 경우가 많지만, 내게는 이 조합이 완벽한 짝이다.

이 칵테일은 깊어가는 밤, 캠프파이어 주변에서 홀짝이기에 좋다. 그러면 +는 무슨 의미일까? 나는 열기를 살짝 끊어주는 역할을 맡기기 위해 라임 주스를 조금 더했다. 전통적인 방식은 아니다. 음료를 마시는 현대적인 재해석이라고 할까.

이 칵테일은 상온에서도 맛있게 마실 수 있다. 아니면 추운 밤에 따뜻하게 데워 마셔도 좋을 것이다.

To garnish

라임 웨지 2조각

Proportions

위스키 6

진저 와인 6

라임 주스 1

Ingredients / 2잔

각얼음 적당량

위스키 150ml (5fl oz)

진저 와인 150ml (5fl oz)

신선한 라임 주스 30ml (1fl oz)

Recipe

1 믹싱 글라스, 유리 저그 또는 피처에 각얼음을 채우고 위스키, 진저 와인, 라임 주스를 넣고 저어준다.

2 잔에 얼음을 채우고 1에서 완성한 칵테일을 스트레이너로 걸러 잔에 따라낸다.

3 진의 가장자리에 라임 웨지 조각으로 장식한다.

Equipment

- 섞기 위해 담는 도구 (믹싱 글라스, 유리 저그 또는 피처)
- 파인 스트레이너 혹은 거르는 도구
- 젓는 도구(스터러)
- 올드패션드글라스 2개
- 착즙 도구

SEASONAL
· FALL ·

APPLEVINI
애플비니

과일 러버들에게 연중 가장 큰 이벤트 중 하나는 아무래도 나무가 달콤한 열매를 맺는 사과 수확기라고 할 수 있겠다. 이 시기의 사과는, 파이브-어-데이(매일 다양한 과일과 채소를 5인분 즉 80g×5=400g 이상 먹으면 건강에 좋다는 유명한 건강 강령)의 일부로 먹는 것보다 훨씬 다양한 쓰임새를 갖고 있다.

나는 애플 사이다 비니거의 산미를 좋아한다. 애플 사이다 비니거는 샐러드 드레싱에 들어가기도 하지만, 멋지고 활력 넘치는 칵테일의 재료로도 사용될 수 있다. 이 '애플비니' 칵테일은 사과의 수확을 기념하는 멋진 술로, 밝은 과수원의 풍미를 새로운 차원에서 전달한다. 2인분을 만들어도 좋고 가을 파티에서 여럿이 함께 즐길 수 있도록 대량으로 만드는 것도 좋다.

Proportions

보드카 4

트리플 섹 4

착즙한 후 거르지 않은 사과 주스 4

애플 사이다 비니거 1

Ingredients / 2잔

각얼음 약간

보드카 120ml (4fl oz)

트리플 섹 120ml (4fl oz)

착즙한 후 거르지 않은 사과 주스 120ml (4fl oz)

애플 사이다 비니거 30ml (1fl oz)

Recipe

1 칵테일 셰이커에 얼음을 채우고 모든 액체 재료를 넣는다. 셰이커의 표면이 차가워질 때까지 약 20초간 흔든다.

2 잔에 따르고, 사과 슬라이스로 장식한다.

To garnish

가로로 잘라 원반 모양이 된 사과 슬라이스

Equipment

- 칵테일 셰이커
- 마티니 글라스 2개

Ingredients / 6잔

앞서 말했듯이 애플비니는 배치 칵테일로도 만들 수 있다.

각얼음 적당량

보드카 300ml (10fl oz)

트리플 섹 300ml (10fl oz)

착즙한 후 거르지 않은 사과 주스 300ml (10fl oz)

애플 사이다 비니거 75ml (2.5fl oz)

Recipe

1. 믹싱 글라스, 유리 저그 또는 피처에 얼음과 모든 음료를 넣고 차가워질 때까지 부드럽게 저어준다.
2. 마티니 잔에 따르고 사과 슬라이스로 장식한다.

SEASONAL
FALL

SPICED PUMPKIN BELLINI
스파이스드 펌킨 벨리니

제철 호박을 만날 수 있는 시기가 되면 그렇게나 신날 수 없다. 굳이 호박 조각을 하는 게 즐거워서만이 아니고 (물론 그것도 최고다) 여름이 멀어진 자리 이곳저곳에서 맛 좋은 호박들이 나타나기 때문이다. 이 칵테일은 벨리니와 비슷하게 만들었지만, 계절에 맞게끔 복숭아 퓌레 대신 호박 퓌레를 사용했다. 잔 테두리를 맛있는 향신 설탕으로 장식한 이 칵테일은 할로윈 파티에서 안성맞춤이다.

Proportions

호박 퓌레 1

스파클링 와인 2

To garnish

피살리스 (케이프 구스베리) 2개

Ingredients - 호박 퓌레

깍둑썰기된 호박 과육 200g (7oz) (스쿼시 호박으로도 대체 가능)

착즙한 후 거르지 않은 사과 주스 120ml (4fl oz)

진저 시럽 3T (19쪽 참조) 또는 가루 생강 1t

시나몬 가루 0.5t

Ingredients - 향신 설탕 림

가루 생강 1t

시나몬 가루 1t

미립당 1t

Ingredients - 칵테일 / 2잔

호박 퓌레 135ml (4.5fl oz)

달지 않은 스파클링 와인 270ml (9fl oz)

Equipment
- 파인 스트레이너 혹은 거르는 도구
- 냄비
- 블렌더 또는 푸드 프로세서
- 램킨
- 접시

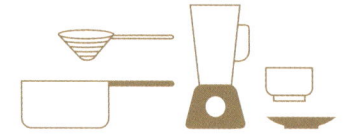

Recipe

1. 퓌레를 만들기 위해 썰어낸 호박 조각을 냄비에 넣고 물을 붓고 끓인다. 약불에 부드러워질 때까지 15분간 끓인다. 이후 물기를 빼고 식힌다.

2. 블렌더에 사과 주스, 진저 시럽, 시나몬 가루를 넣고 부드러워질 때까지 갈아준다(40초 정도). 블렌더가 없다면 감자나 포크로 으깨어 퓌레를 만든다.

3. 실온이 될 때까지 식혀서 따로 보관한다. 냉장고에서 5일, 냉동실에서 3개월까지 보관할 수 있다.

4. 슈가 림을 준비하기 위해 향신료와 설탕을 함께 섞어 작은 접시에 담는다. 램킨이나 작은 볼에 스파클링 와인을 조금 넣는다. 잔의 테두리를 스파클링 와인에 담근 다음, 바로 향신 설탕에 담가 설탕과 향신료가 테두리에 달라붙도록 한다. 이 모든 과정이 끝나면 잔을 똑바로 세운다.

5. 계량한 호박 퓌레를 작은 용기에 넣고 달지 않은 스파클링 와인을 부은 후 부드럽게 저어주다가 스트레이너에 걸러 샴페인 플루트에 따른다. 마지막으로 피살리스로 장식한다.

Equipment

- 섞기 위해 담는 도구 (믹싱 글라스, 유리 저그 또는 피처)
- 젓는 도구(스터러)
- 샴페인 플루트 2개

SEASONAL
· WINTER ·

GINGER JINGLE
진저 징글

생강은 몸에 열을 올려주고 편안함을 느끼게 한다. 특유의 기분 좋은 향 덕분에 많은 요리와 음료에 들어가는데, 칵테일도 마찬가지다. 여기서는 생강을 베이스로 겨울을 맞이하는 모든 순간을 즐겁게 만들어줄 칵테일을 소개하려 한다. 더 달콤한 칵테일을 원한다면, 각 잔에 진저 시럽(19쪽 참조)을 1t를 넣고 저은 뒤에 서빙한다.

Ingredients / 2잔

각얼음 적당량

진저에일 300ml (10fl oz)

드라이 화이트 베르무트 120ml (4fl oz)

버번 60ml (2fl oz)

신선한 라임 주스 60ml (2fl oz)

Recipe

1 믹싱 글라스, 유리 저그 또는 피처에 얼음과 함께 진저에일, 베르무트, 버번과 라임 주스를 넣고 부드럽게 저어준다.

2 잔에 얼음을 채우고 스트레이너에 걸러 1의 칵테일을 따라준다.

3 라임의 껍질을 얇게 따낸 것을 칵테일 위에서 휘고 비틀어 에센셜 오일을 칵테일 표면에 뿌린 다음 잔에 넣는다. 마지막으로 냉동 크랜베리를 흩뿌린다. 이 붉은 보석은 칵테일에 축제의 분위기를 더할 것이다.

Proportions

진저에일 6

드라이 화이트 베르무트 2

버번 1

라임 주스 1

To garnish

라임 껍질 2조각

냉동 크랜베리 10개

Equipment

• 섞기 위해 담는 도구 (믹싱 글라스, 유리 저그 또는 피처)
• 파인 스트레이너 혹은 거르는 도구
• 착즙 도구   • 콜린스 글라스 2개
• 젓는 도구(스터러)

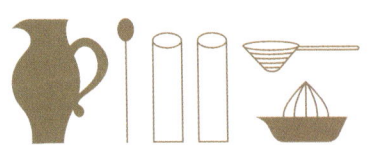

SEASONAL
· WINTER ·

FROSTY THE MELTING SNOWMAN

프로스티 더 멜팅 스노우맨

겨울은 음식과 음료를 진정으로 즐길 수 있는 계절이다. 이 칵테일은 어른들은 생각지도 못한 기발한 아이디어를 불쑥불쑥 내어놓는 아이들의 참여를 유도하기에 완벽한 음료다(무알코올 칵테일이다). 눈사람을 만들고 싶은 충동이 들지만 눈이 오지 않는다? 걱정하지 마시라! 아주 맛있는 방법으로 겨울에 즐거움을 선사할 눈사람(이라고 생각하자)을 소개할 테니까.

Ingredients - 소르베

레몬 1개

미립당 200g (7oz)

물 210ml (7fl oz)

레몬 3개

Ingredients - 칵테일 / 2잔

소르베 4스쿱

리몬첼로 또는 시트러스 음료 90ml (3fl oz) (전통적인 탄산 없는 레모네이드도 잘 어울린다)

To garnish

리코리스 사탕(벨트 모양이거나 도르르 말려 있는 것) (눈사람 스카프)

건포도 4개 (눈사람 눈)

뾰족한 오렌지 껍질 2조각 (눈사람 코)

Equipment - 소르베

- 채소 필러나 감자칼, 과도 등 시트러스 껍질을 따낼 도구
- 냄비
- 스패출러
- 착즙 도구
- 냉동 용기

Recipe - 소르베

1. 레몬은 채소 필러나 감자칼, 과도 등 껍질을 따낼 도구를 이용해 겉껍질인 제스트를 벗겨낸다. 투명한 오일이 들어있는 알갱이가 있는 겉껍질 아래의 흰 속껍질은 사용하지 않는다. 쓴맛이 강하기 때문이다.

2. 냄비에 설탕, 물, 레몬 껍질을 넣고 약불에서 설탕이 녹을 때까지 저어가며 가열한다. 끓어오르면 불을 줄이고 5분간 더 가열한다.

3. 불을 끄고 식힌다. 레몬 껍질을 꺼낸다.

4. 한편, 레몬은 즙을 낸다. 식혀둔 혼합물에 즙을 넣는다.

5. 4에서 완성된 혼합물을 아이스크림 기계에 붓고 얼 때까지 휘저어준다. 또는 뚜껑이 있는 냉동 용기에 넣어 냉동실에 보관한다. 얼 때까지 4시간 동안 1시간 간격으로 한 번씩 혼합물을 저어준다. 소르베는 냉동실에서 최대 2개월까지 보관할 수 있다.

Recipe - 칵테일

1. 리몬첼로 또는 무알코올성 대체 재료를 냄비에 넣고 김이 날 때까지 가열한다. 끓어오르기 전에 불을 끄고, 한쪽에 따로 보관한다.

2. 잔에 소르베를 큰 스푼으로 2번 정도 퍼올려 눈사람의 몸통을 만든다. 그 위에 작게 한 번 더 떠올려 머리를 만든다. 리코리스 사탕 벨트를 목에 감아 스카프 모양을 만들고, 건포도 눈과 오렌지 껍질 코를 더해준다.

3. 완성된 눈사람 위로 1에서 만들어둔 뜨거운 액체를 붓고 녹는 것을 지켜본다. 숟가락을 사용해 소르베를 먹거나 완전히 녹은 다음 마신다.

Equipment - 칵테일

- 아이스크림 스쿱
- 올드패션드 글라스 2개

SEASONAL
· WINTER ·

MULLED WINE
온포도주

온포도주(데운 와인, 멀드 와인)는 보통 따뜻하게 즐기는 고전적인 음료이지만, 정해진 규칙을 고수할 필요는 없다. 크리스마스에 먹다 남은 치즈보드의 치즈로 치즈 소스를 만들 때와 마찬가지로, 온포도주 역시 원하는 증류주를 취향에 맞게 마음대로 더해서 사용할 수 있다. 지금 소개해드리는 레시피에 비율을 명시하긴 했지만, 기본 레시피(레드 와인, 향신료, 감미료)를 정했다면 나머지는 마음껏 조정해도 좋다. 그러니 지금 당장 집에 어떤 술이 있는지 확인해보자!

전통적으로 온포도주는 설탕으로 만들지만 메이플 시럽을 넣으면 정말이지 독특한 개성을 뽐낼 수 있다. 만약 상큼한 산미를 더하고 싶다면 음료에 레몬을 짜서 넣는다. 시트러스 향기가 당신의 기분을 좋게 만들 것이다. 상큼한 오렌지 주스 200ml를 추가하면 상그리아처럼 즐길 수 있다.

Proportions

레드 와인	7.5
트리플 섹	1
브랜디	1
메이플 시럽	1

Ingredients / 8잔

- 미디엄 바디 드라이 레드 와인 750ml (25fl oz) / 1병 (마시기 좋은 이탈리아산 레드 와인이 좋다)
- 트리플 섹 100ml (7fl oz)
- 브랜디 100ml (7fl oz)
- 메이플 시럽 100ml (7fl oz) (원할 경우 꿀 또는 설탕 50g으로 대체 가능)
- 오렌지 슬라이스 1조각
- 시나몬 스틱 2개
- 팔각 2개
- 정향 6쪽

Equipment

- 대형 냄비 또는 캐서롤 (더치 오븐)
- 국자
- 내열 유리잔 또는 머그잔 8개

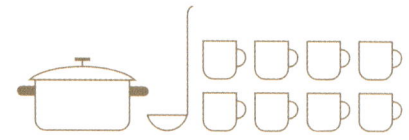

Recipe

1. 커다란 냄비에 모든 재료를 넣고 뚜껑을 덮어 부드럽게 가열한다. 이때 끓지 않도록 주의한다. 약불에 올려 20분 이상 일정한 온도를 유지한다.

2. 불을 약간 줄이고 따뜻하게 유지한다. 손잡이가 있는 내열 머그잔에 칵테일을 국자로 떠서 담는다. 냄비 안에 있는 향신료와 과일은 가니쉬로 활용한다. 취향에 따라 시나몬 스틱이나 팔각을 추가하여 장식한다.

COCKTAIL TIME SNACKS

칵테일에 곁들이기 좋은 간단한 음식

음식과 술은 밀접한 관련이 있다. 칵테일을 마실 때도 안주 없이 마시는 경우는 그리 많지 않다. 그래서 칵테일에 곁들여 먹기 좋은 몇 가지 군것질 아이디어를 소개하려 한다. 대부분은 가벼운 간식이라서 만들기도 쉽고 먹기에도 부담이 없다.
다만 몇 가지 주의사항만 기억해두자. 사용하는 신선 재료는 반드시 씻는다. 그리고 취해 있을 때 날카로운 칼, 가스레인지나 압력솥 같은 위험한 조리 도구는 사용하지 않는다.

SNACKS

HUMMUS
후무스

가장 좋아하는 저녁식사 전 간식이다. 먹을 때마다 맛있는 칵테일을 생각나게 하고 쉽사리 질리지도 않는다. 고추나 후추, 페스토, 캐러멜화한 양파 등을 더해서 다양하게 맛을 낼 수도 있지만, 그래도 역시 클래식이 제일 맛있다. 다양한 레시피를 시도해봤으나 번번이 기본으로 돌아오곤 한다. 개인적으로는 후무스에 크뤼디테*를 찍어 먹는 것을 좋아하지만(유기농 당근과 고추는 아삭아삭하고 풍미가 가득하다), 구운 피타**를 곁들여도 맛있다. 술안주의 고전 감자칩도 역시 잘 어울린다. 결론은, 취향대로 먹고 싶은 것을 먹자는 이야기다.

* 크뤼디테(crudités): 전채 요리로 서빙하는 생채소.

** 피타(pita): 중동의 전통 음식으로, 이스트를 넣지 않고 만든 둥글납작한 빵.

Ingredients / 4인분

병아리콩(가르반조) 400g 캔
엑스트라 버진 올리브유 100ml
깐마늘 2쪽
레몬즙과 껍질 (레몬 1개 분량)
타히니 4T
병아리콩 통조림 속 물(아쿠아파바) 25ml
소금과 갓 갈아낸 후추
파프리카 약간

곁들이기

크뤼디테
구운 피타
토르티야 칩

Equipment

- 착즙 도구
- 블렌더 또는 푸드 프로세서
- 스패출러

Recipe

1. 병아리콩 통조림에서 물을 뺀다. 이 물은 따로 보관한다. 푸드 프로세서 그릇에 마늘, 레몬즙, 레몬 껍질, 타히니, 오일 80ml, 병아리콩물 30ml를 넣고 갈아준다. 아주 부드러워질 때까지 약 1분 정도 블렌딩한다.

2. 스패출러로 그릇의 측면을 긁어내고 섞이지 않은 혼합물이 있으면 병아리콩물 30ml, 소금 및 후추를 약간 더 넣고 후무스가 원하는 만큼 부드러워질 때까지 약 2분간 갈아준다(나는 약간의 질감이 느껴지는 것을 선호하지만, 입에서 살살 녹을 만큼 아주 부드러운 것을 원한다면 블렌더로 더 곱게 갈아도 좋다).

3. 간을 보고 필요하면 양념을 조절한다. 바로 먹을 경우 그릇에 옮겨 담고, 미리 만들어두는 경우 깨끗한 밀폐 용기에 담아 보관한다. 원한다면 먹기 직전에 남은 오일과 파프리카 가루를 약간 후무스 위에 뿌려준다. 아삭한 식감의 크뤼디테, 구운 피타, 토르티아 칩 등과 함께 식탁에 내면 끝!

SNACKS

GUACAMOLE
과카몰리

사실 과카몰리를 꽤 오랫동안 좋아하지 않았다. 맛에 특징이 적고 심심하다고 생각했기 때문이다. 하지만 만나는 사람마다 모두 아보카도를 좋아하기에 아보카도를 즐기는 방법을 배워야겠다고 결심하고 과카몰리를 만들기 시작했는데, 와, 정말이지 과카몰리는 요리하기 쉬운 음식이었다! 그리고 직접 만든 것이 마트에서 파는 것보다 맛있다. 일차원적인 맛이 아니라 생동감 있는 흥미로운 맛이었다. 여러분도 이 레시피를 사랑할 수 있을 것이다.

Ingredients / 4인분

잘 익은 아보카도 2개

라임 1개

토마토 1개

버드아이 칠리(페페론치노) 1개

마늘 1쪽

훈제 파프리카 가루 ½t

소금

고수 적당량

곁들이기

소금간이 된 투르티아 칩

Equipment

- 믹싱 볼
- 키친타월
- 으깨는 도구

Recipe

1 아보카도는 날카로운 칼을 이용해 씨 바깥을 따라 돌려가며 세로로 칼집을 낸다. 각 반쪽을 비틀어 잡아당겨 분리한다. 칼의 날카로운 면으로 씨 부분을 도려낸다. 이때 씨에 칼을 두드려 박히게 한 다음 비틀면 보다 쉽게 제거할 수 있다. 디저트 스푼으로 아보카도 과육을 떠서 믹싱 볼에 담는다. 라임 즙을 짜서 아보카도 과육 위에 뿌린다.

2 토마토는 볶음밥 채소 정도에서 그보다 조금 더 큰 크기로 고르게 썬다. 키친타월 위에 토마토 조각을 깔고 그 위에 키친타월을 한 장 더 깔아준다. 키친타월이 수분을 흡수할 수 있도록 2분간 그대로 둔다.

3 칠리(고추)는 반으로 갈라 씨를 제거하고 잘게 썬다. 칠리가 과카몰리에 골고루 섞이도록 아주 잘게 썬다. 믹싱 볼에 칠리를 넣는다.

4 마늘쪽은 껍질을 벗긴 다음 4등분한다. 잘게 썰어 믹싱 볼에 담는다.

5 2에서 썰어둔 토마토 조각을 믹싱 볼에 담고 파프리카와 소금을 약간 넣어 고루 섞는다. 고수는 큼직하게 다져 넣는다.

6 모든 재료를 함께 으깬다. 아보카도는 너무 잘게 말자. 약간 덩어리가 있는 편이 훨씬 더 맛있다. 필요한 경우 소금이나 파프리카를 더 넣어 간을 맞추고 마지막으로 한 번 더 저어준 후 살짝 소금을 친 토르티야 칩, 찍어 먹기 좋은 소스와 함께 식탁에 낸다.

SNACKS

SPICY NUTS
스파이시 너트

풍미가 좋은 짭짤한 견과류는 칵테일에 완벽하게 어울리는 반주이다. 주로 캐슈너트, 땅콩, 헤이즐넛(개암열매), 마카다미아 너트, 호두를 즐겨 사용하지만, 직접 만드는 대신 이미 섞여 있는 믹스 견과류를 구입해도 좋다. 팬에서 따뜻하게 데워 먹거나 팬트리에 보관해 두었다가 차갑게 먹어도 좋다. 깨끗한 밀폐 용기에 보관하면 3주간 보관할 수 있다.

지금 소개하는 레시피는 원하는 견과류와 말린 허브 및 향신료를 마음껏 사용할 수 있다(개인적으로는 기본 레시피에 더해 집에 있는 재료를 몽땅 넣는 편이다). 단, 사용하기 전에 유통기한을 꼭 확인할 것! 보통은 견과류나 말린 허브 등은 사용기한이 지나도록 그 존재를 잊어버리곤 하니까 말이다.

Ingredients / 8인분

식물성 기름 1T
무염 견과류 믹스 200g (큰 프라이팬 바닥을 덮을 수 있어야 함)
말린 허브 믹스 1T
말린 칠리 플레이크 2t
오향가루 1t
생파프리카 가루 1t
마늘가루 1t
어니언솔트 1t
씨솔트 1t

Equipment

- 프라이팬
- 스패출러

Recipe

1. 큰 프라이팬에 기름을 두르고 중불에서 뜨겁지만 연기가 나지 않을 때까지 약 1분간 예열한다. 견과류를 넣고 기름이 고루 묻도록 저어가며 볶는다. 나머지 모든 재료를 넣고 견과류에 골고루 코팅되도록 다시 휘젓는다. 지글지글 소리가 나도록 약 1분간 가열한다.

2. 1분 뒤 다시 저어준다. 혹은 자신 있다면 프라이팬을 들고 뒤적인다. 약 1분간 더 혹은 타지 않고 노릇하게 구워질 때까지 가열한다. 불을 끄고 그릇에 옮긴 뒤 5분간 두었다가 식탁에 낸다.

CREAM CHEESE TORTILLA SWIRLS WITH SALMON OR HAM

연어 또는 햄을 넣은 크림치즈 토르티야 랩

간식을 만들 때 크림치즈만큼 유용한 재료도 없다. 고소한 크래커에 올려먹는 것 외에도 여러 가지 요리를 손쉽게 만들 수 있다. 한입 크기로 만든 크림치즈 랩을 좋아한다. 여기에 훈제연어나 햄을 넣어도 아주 맛있다.

Ingredients / 2인분

토르티야 랩 또는 얇은 팬케이크 1개
(지름 약 25cm)

부드러운 크림치즈 30g

간후추 약간

줄기를 제거한 루콜라 또는
베이비 시금치 약간 (약 10g) (선택 사항)

곁들이기

얇은 햄 4조각 (약100g)

훈제연어 4조각

레몬즙

Recipe

1 도마에 토르티야 랩을 깔고 원의 네 모서리를 떼어내어 사각형으로 만든다. 잘라낸 가장자리는 나중에 사용하기 위해 보관한다.

2 사각형의 토르티야 랩 위에 크림치즈를 반 정도 펴서 가장자리까지 바른다. 크림치즈 위에 후추를 살짝 뿌려준다. 루콜라나 시금치를 크림치즈 위에 겹겹이 쌓는다(치즈가 식용 접착제 역할을 한다).

3 2 위에 햄이나 훈제연어를 올린다. 훈제연어를 사용할 경우 연어 위에 레몬즙을 살짝 뿌려준다. 나머지 크림치즈를 가장자리까지 펴 바른다.

Equipment

- 칵테일 픽
  (혹은 이쑤시개)

4 이제 랩을 굴릴 차례이다. 도마에서 가장 가까운 가장자리를 들어 올려 랩을 단단히 말아 올린다. 꽉 말아야 자른 후에도 모양이 유지된다.

5 돌돌 말면 랩이 소시지 모양이 된다. 양쪽 끝을 깔끔하게 잘라내고, 잘라낸 가장자리를 맛보면서 처리한다. 맛있기도 하지만 음식물 쓰레기가 나오지 않는다.

6 랩을 반으로 자르고 다시 3등분 한다. 이제 6개의 롤이 완성되었다. 칵테일 픽으로 각각의 롤에 구멍을 뚫어 롤 전체를 관통하도록 한다. 롤의 모양을 유지하기 위함이다. 롤을 접시에 부채꼴로 펴서 칵테일과 함께 멋지게 식탁에 내면 완성!

SNACKS

TOMATO BRUSCETTA

토마토 브루스케타

잘 익은 토마토의 풍미는 대자연이 얼마나 위대한지를 보여주는 예이다. 좋은 농산물로 간단하게 만들 수 있는 간식은 언제나 환상적이다. 그래서 맛있고 육즙이 풍부한 토마토 혼합물을 바삭한 사워도우 위에 얹은 최고의 이탈리아 간식을 소개한다. 칵테일과 어울리는 최고의 조합 중 하나이다.

Ingredients / 4인분

토마토 400g (제철 품종 중 취향에 맞고 구할 수 있는 것을 사용한다)
잘게 다진 적양파 ½개
마늘 3쪽
대충 다진 신선한 바질 적당량 (잎 10장 정도)
엑스트라 버진 올리브유 100ml
사워도우 빵 200g (8등분으로 자른 것)
소금과 간후추 (갓 갈아낸 것)

Recipe

1 토마토를 사방 5mm 정도 크기로 고르게 썬다. 키친타월 위에 토마토 조각을 깔고 그 위에 키친타월을 한 장 더 깔아준다. 키친타월이 수분을 흡수할 수 있도록 2분간 그대로 둔다.

2 마늘은 껍질을 벗겨 손질하고, 잘게 다진 적양파를 볼에 넣는다. 이어 손질한 마늘 1쪽을 잘게 다져 볼에 넣는다. 바질과 토마토도 넣고 모든 재료를 함께 섞어준다. 올리브유 50ml를 넣고 소금과 후추로 간을 한 뒤 저어주고 한쪽에 놓아둔다. 하루 전에 미리 만들어 냉장고에 보관하다가 사용하기 전에 실온에 꺼내두어도 좋다. 이 경우 풍미가 더욱 강해진다. 다만, 시간이 지날수록 토마토에서 물이 나오기 때문에 물기를 제거해야 할 수도 있다.

3 사워도우 빵을 원하는 만큼 바삭해질 때까지 굽고 1분간 식힌 뒤에 토스터에서 꺼낸다.

Equipment

- 토스터
- 치즈보드 또는 접시, 큰 볼

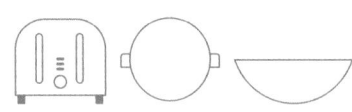

4 남은 마늘은 구운 빵 조각에 문지르고(구워진 빵에 자연스럽게 긁혀서 묻는다), 남은 올리브유를 빵 조각에 뿌려준다.

5 프레젠테이션 보드나 접시에 빵을 플레이팅 하고 2에서 완성한 토마토 혼합물을 숟가락으로 부드럽게 떠서 올린다. 토마토가 떨어질 수 있으니 조심해서 집어 먹는다.

SNACKS

HARISSA PRAWNS
하리사 프라운

한 손에는 술을, 한 손에는 해산물을 들고 있으면 휴가지에서의 내 모습이 떠오르곤 하는데, 이처럼 휴가지에서 맛볼 수 있는 요리를 만들면 집에서도 휴가를 떠난 기분을 느낄 수 있다. 새우는 맛있고 육즙이 풍부할 뿐 아니라 다양한 요리에 어렵지 않게 활용할 수 있고, 냉동이든 생새우든 마트나 시장에서 손쉽게 구할 수 있다. 단, 익힌 새우는 재가열 시 부드럽고 촉촉한 식감이 사라지고 고무 씹는 식감이 느껴질 수 있으므로 피하는 것이 좋다.

하리사는 다양한 종류의 고추, 마늘, 향신료가 들어간 매콤한 칠리 소스 같은 것이다. 튀니지의 전통 양념으로 알려진 하리사는 북아프리카 여러 지역에 다양한 버전으로 존재한다. 하리사는 전 세계 상점과 시장에서도 쉽게 구할 수 있으니 마음에 드는 것을 찾아 사용한다! 개인적으로는 장미 꽃잎이 첨가된 로즈 하리사를 즐겨 사용한다. 터키쉬 딜라이트처럼 강한 장미향은 아니니 걱정하지 말라. 그냥 부드러운 꽃 향이 난다. 플로럴한 풍미가 매운 느낌을 완화하고 조개류와 완벽하게 어울린다.

Ingredients / 2인분

생왕새우 (또는 큰 새우) 12마리

올리브유 1t

하리사 (또는 로즈 하리사) 2T

신선한 고수 잎 5~6장 (선택 사항)

Equipment

- 스패츌러
- 칵테일 픽 (이쑤시개)
- 프라이팬
- 작은 볼 (테라코타 그릇이 좋다)

Recipe

1 새우를 냉장고나 냉동실에서 꺼내 실온에 둔다. 프라이팬에 식용유를 두르고 중불에 올려 달군다.

2 볼에 새우를 담고 하리사를 더한다. 새우에 하리사가 골고루 묻을 때까지 뒤적여준다.

3 1분 후 기름이 적당한 온도로 가열되면 새우를 넣는다. 기름이 튀지 않도록 조심스레 넣는다. 모든 새우가 골고루 팬의 뜨거운 바닥에 닿도록 한다. 1분 후에 새우 밑면이 분홍색으로 변하면 뒤집어서 반대쪽도 1분간 더 익힌다. 새우 전체가 분홍색을 띠고 뜨거워지면 불을 끄고 새우를 원하는 그릇에 담는다.

4 고수를 거칠게 잘라 위에 뿌려준다(고수 향이 익숙하지 않다면 빼도 된다). 한손에는 새우가 꽂힌 칵테일 픽을, 다른 한손에는 멋진 칵테일을 들고 먹으면 된다!

INDEX 찾아보기

20초 셰이킹 5
21세기의 샌디 가프 70
5가지 스파이스 파우더
    스파이시 너트 140

ㄱ

가니쉬 7
가르반조 (병아리콩)
    후무스 136-7
가을 칵테일 레시피
    스파이스드 펌킨 벨리니 126-7
    애플비니 124-5
    위스키 맥플러스 123
건포도
    프로스티 더 멜팅 스노우맨 130-1
겨울 칵테일 레시피
    온포도주 132-3
    진저 징글 128
    프로스티 더 멜팅 스노우맨 130-1
견과류
    스파이시 너트 140
계량 4, 10
과카몰리 138-9
금속 머그잔 14
김렛 36
꿀
    스모키 시럽 17
    제스티 핫 토디 98

ㄴ

너트메그
    콜드론 에그노그 100-1
    페어 오차드 워머 94-5
네그로니 26
네온 유즈 120

ㄷ

다이키리 블러쉬 61
다크 앤 스토미 34
다크 초콜릿 라즈베리 드림 114-5

달걀노른자
    콜드론 에그노그 100-1
달걀흰자 5, 11
    네온 유즈 120
    스모키 위스키 사워 58
    진 피즈 리프레셔 64
    파인애플 스매쉬 118-9
    피스코 사워 48
당근
    블러디 메리 32
더블 시럽 17
    모히토 40-1
    민트 줄렙 86
    바질 볼 배쉬 116-7
    에스프레소 마티니 29
    피스코 사워 48
데코레이션(장식) 7
도구(장비) 8-11
도마 10
드라이 셰이킹 5
딥
    과카몰리 138-9
    후무스 136-7
딸기
    서머 아포가토 72-3
땅콩
    바나나루마 92
땅콩버터
    바나나루마 92

ㄹ

라거
    21세기의 샌디 가프 70
라임
    모히토 40-1
    시트러스 시럽 18
    클레멘타인 코스모폴리탄 54
라임 웨지
    다크 앤 스토미 34
    바질 볼 배쉬 116-7
    마이 타이 38-9
    망고 매드니스 90-1
    모스코바 뮬 30
    모히토 40-1
    위스키 맥플러스 123
    코냑 키커 110
라임 껍질
    진저 징글 128

클래식 스트레이트 업 마가리타 24-5
파인애플 스매쉬 118-9
라임 휠
김렛 36
다이키리 블러쉬 61
플럼 사케티니 96-7
라임 주스
김렛 36
다크 앤 스토미 34
마이 타이 38-9
망고 매드니스 90-1
모스크바 뮬 30
바질 볼 배쉬 116-7
위스키 맥플러스 123
진저 징글 128
코냑 키커 110
클래식 스트레이트 업 파티 마가리타 24-5
테킬라 선다우너 74-5
파인애플 스매쉬 118-9
펀치 피치 티 88
플럼 사케티니 96-7
피스코 사워 48
라즈베리
다크 초콜릿 라즈베리 드림 114-5
서머 선셋 102-3
라즈베리 리큐르
다크 초콜릿 라즈베리 드림 114-5
라즈베리 프로제 82
라즈베리 프로제 82
럼 (다크)
바나나루마 92
다크 앤 스토미 34
마이 타이 38-9
럼 (스파이스)
바나나루마 92
페어 오차드 워머 94-5
럼 (화이트)
다이키리 블러쉬 61
롱아일랜드 아이스티 44
마이 타이 38-9
망고 매드니스 90-1
모히토 40-1
파인애플 스매쉬 118-9
레드 와인
사이다 상그리아 56
온포도주 132-3
레몬
시트러스 시럽 18
프로스티 더 멜팅 스노우맨 130-1
후무스 136-7

레몬 드롭 피즈 106
레몬밤
레몬 웨지
21세기의 샌디 가프 70
레몬 껍질
사이드카 47
진 피즈 리프레셔 64
트윙클 토즈 113
화이트 레이디 50-1
레몬 휠
레몬 드롭 피즈 106
롱아일랜드 아이스티 44
제스티 핫 토디 98
레몬버베나
레몬 드롭 피즈 106
레몬 주스
레몬 드롭 피즈 106
롱아일랜드 아이스티 44
블러디 메리 32
수퍼소닉 에이비에이션 62
스모키 위스키 사워 58
트윙클 토즈 113
화이트 레이디 50-1
로우볼 글라스 14
로제 와인
라즈베리 프로제 82
롱아일랜드 아이스티 44
루콜라
토르티야 랩, 연어 또는 햄을 넣은 142-3
리몬첼로
서머 아포가토 72-3
프로스티 더 멜팅 스노우맨 130-1
리코리즈 사탕
프로스티 더 멜팅 스노우맨 130-1

ㅁ

마늘
스파이시 너트 140
토마토 브루스케타 144
후무스 136-7
마라스키노 리큐르
수퍼소닉 에이비에이션 62
마라스키노 체리
맨해튼 42
수퍼소닉 에이비에이션 62
테킬라 선다우너 74-5
마가리타

클래식 스트레이트 업 파티 마가리타 24-5
마이 타이 38-9
마티니
에스프레소 마티니 29
체리 베이크웰 마티니 85
마티니 글라스 14
망고
망고 매드니스 90-1
테킬라 선다우너 74-5
맨해튼 42
머그잔 14
머들러 6, 10
멀드 와인 132-3
메이플 시럽
온포도주 132-3
진 피즈 리프레셔 64
모스크바 뮬 30
모이라 로즈 80-1
모히토 40-1
무알코올 칵테일 5
미각 4
민트
마이 타이 38-9
모스크바 뮬 30
모히토 40-1
민트 줄렙 86
펀치 피치 티 88

ㅂ

바나나
바나나루마 92
바나나루마 92
바닐라
커피 시럽 20
콜드론 에그노그 100-1
바질
네온 유즈 120
바질 볼 배쉬 116-7
토마토 브루스케타 144
파인애플 스매쉬 118-9
바틀 (병) 11
배 (슬라이스)
페어 오차드 워머 94-5
배즙
페어 오차드 워머 94-5
버번
맨해튼 42

민트 줄렙 86
진저 징글 128
콜드론 에그노그 100-1
베르무트 (레드)
  네그로니 26
  맨해튼 42
베르무트 (로제)
  모이라 로즈 80-1
베르무트 (화이트)
  수퍼소닉 에이비에이션 62
  진저 징글 128
  체리 베이크웰 마티니 85
베리 시럽 21
  다이키리 블러쉬 61
  서머 아포가토 72-3
  테킬라 선다우너 74-5
병아리콩
  후무스 136-7
병아리콩물 5
  후무스 136-7
보관 용기 11
보드카
  네온 유즈 120
  레몬 드롭 피즈 106
  롱아일랜드 아이스티 44
  모스크바 뮬 30
  바질 볼 배쉬 116-7
  블러디 메리 32
  스노우 화이트 러시안 66
  애플비니 124-5
  에스프레소 마티니 29
  클레멘타인 코스모폴리탄 54
  트윙클 토즈 113
보스턴 셰이크 10
복숭아 슈냅스
  펀치 피치 티 88
봄 칵테일 레시피
  다크 초콜릿 라즈베리 드림 114-5
  바질 볼 배쉬 116-7
  코냑 키커 110
  트윙클 토즈 113
브랜디
  과수원의 공작 부인 76
  사이다 상그리아 56
  사이드카 47
  온포도주 132-3
  체리 베이크웰 마티니 85
  코냑 키커 110
  핫 핫초콜릿 68-9
브루스케타
  토마토 브루스케타 144
블러디 메리 32

사과
  과수원의 공작 부인 76
  애플비니 124-5
사과 주스
  애플비니 124-5
  스파이스드 펌킨 벨리니 126-7
사워도우
  토마토 브루스케타 144
사이다
  21세기의 샌디 가프 70
  과수원의 공작 부인 76
  사이다 상그리아 56
사이다 상그리아 56
사이드카 47
사케
  네온 유즈 120
  플럼 사케티니 96-7
상그리아
  사이다 상그리아 56
새우
  하리사 프라운 146
샴페인 쿠페 13
샴페인 플루트 13
석류 알갱이
  모이라 로즈 80-1
석류 주스
  모이라 로즈 80-1
  수퍼소닉 에이비에이션 62
설탕
  더블 시럽 17
  베리 시럽 21
  서머 아포가토 72-3
  시트러스 시럽 18
  스파이스드 펌킨 벨리니 126-7
  진저 시럽 19
  커피 시럽 20
  콜드론 에그노그 100-1
  프로스티 더 멜팅 스노우맨 130-1
셰이커 10-1
셰이킹 5
소다수
  바질 볼 배쉬 116-7
  진 피즈 리프레셔 64
소르베
  서머 아포가토 72-3
  프로스티 더 멜팅 스노우맨 130-1
소테른
  서머 선셋 102-3

수동식 레몬 스퀴저 9
수퍼소닉 에이비에이션 62
스낵
  과카몰리 138-9
  스파이시 너트 140
  토르티야 랩, 연어 또는 햄을 넣은 142-3
  토마토 브루스케타 144
  하리사 프라운 146
  후무스 136-7
스노우 화이트 러시안 66
스모키 시럽 17
  스모키 위스키 사워 58
스모키 위스키 사워 58
스타아니스(팔각)
  멀드 와인 132-3
  제스티 핫 토디 98
스타우트
  아이리시 커피 스타우트 셰이크 104
스터러/스터링 11
스트레이너 11
스파이스드 펌킨 벨리니 126-7
스파이시 너트 140
스파클링 와인
  레몬 드롭 피즈 106
  스파이스드 펌킨 벨리니 126-7
  트윙클 토즈 113
  파인애플 스매쉬 118-9
시나몬
  멀드 와인 132-3
  스파이스 펌킨 벨리니 126-7
  제스티 핫 토디 98
  콜드론 에그노그 100-1
시럽 16
  더블 시럽 17
  베리 시럽 21
  스모키 시럽 17
  시트러스 시럽 18
  진저 시럽 19
  커피 시럽 20
시트러스 시럽 18
  과수원의 공작 부인 76
  김렛 36
  네온 유즈 120
  사이다 상그리아 56
시트러스 껍질 7
시트러스 주스
  서머 선셋 102-3
시트러스 휠 7
실란트로 (고수)
  과카몰리 138-9

하리사 프라운 146

ㅇ

아몬드 시럽
  마이 타이 38-9
아몬드 플레이크
  체리 베이크웰 마티니 85
아보카도
  과카몰리 138-9
아이리시 스타우트 104
아이리시 커피 스타우트 셰이크 104
아이리시 크림 리큐르
  아이리시 커피 스타우트 셰이크 104
아이스크림 (바닐라)
  스노우 화이트 러시안 66
아쿠아파바 (병아리콩물) 5
  후무스 136-7
아포가토
  서머 아포가토 72-3
앙고스투라 비터스
  다크 앤 스토미 34
  마이 타이 38-9
  맨해튼 42
  모스크바 뮬 30
  민트 줄렙 86
  사이트카 47
  코냑 키커 110
  피스코 사워 48
애플 브랜디
  과수원의 공작 부인 76
애플 사이다 비니거
  애플비니 124-5
애플비니 124-5
양파
  토마토 브루스케타 144
어니언 솔트
  블러디 메리 32
  스파이시 너트 140
얼음 5, 6
에스프레소 마티니 29
엘더플라워 리큐르
  트윙클 토즈 113
여름 칵테일 레시피
  네온 유즈 120
  서머 선셋 102-3
  서머 아포가토 72-3
  파인애플 스매쉬 118-9

연어
  토르티야 랩, 연어 또는 햄을 넣은 142-3
오렌지
  과수원의 공작 부인 76
  온포도주 132-3
오렌지 껍질
  프로스티 더 멜팅 스노우맨 130-1
오렌지 슬라이스
  스모키 위스키 사워 58
오렌지 껍질
  네그로니 26
  맨해튼 42
오렌지 주스
  마이 타이 38-9
  테킬라 선다우너 74-5
오렌지 휠
  테킬라 선다우너 74-5
오이
  바질 볼 배쉬 116-7
와인 (레드)
  사이다 상그리아 56
  온포도주 132-3
와인 (로제)
  라즈베리 프로제 82
와인 (스파클링)
  레몬 드롭 피즈 106
  스파이스드 펌킨 벨리니 126-7
  트윙클 토즈 113
  파인애플 스매쉬 118-9
와인 (화이트)
  서머 선셋 102-3
와인글라스 14
우메슈
  플럼 사케티니 96-7
우스터 소스
  블러디 메리 32
우유
  다크 초콜릿 라즈베리 드림 114-5
  바니니루미 92
  콜드론 에그노그 100-1
  핫 핫초콜릿 68-9
위스키
  맨해튼 42
  민트 줄렙 86
  스모키 위스키 사워 58
  위스키 맥플러스 123
  제스티 핫 토디 98
  진저 징글 128
  콜드론 에그노그 100-1
위스키 맥플러스 123
유리병 11

유자 사케
  네온 유즈 120

ㅈ

저그 11
저알코올 칵테일 5
절구 10
정향
  온포도주 132-2
  제스티 핫 토디 98
  콜드론 에그노그 100-1
제스티 핫 토디 98
주서 9
주시 살리프 9
주정강화 와인 글라스 14
진
  김렛 36
  네그로니 26
  롱아일랜드 아이스티 44
  모이라 로즈 80-1
  서머 선셋 102-3
  수퍼소닉 에이비에이션 62
  진 피즈 리프레셔 64
  화이트 레이디 50-1
진저 (생강)
  21세기의 샌디 가프 70
  다크 앤 스토미 34
  모스크바 뮬 30
  스파이스드 펌킨 벨리니 126-7
  진저 시럽 19
진저 비어
  스파이스드 펌킨 벨리니 126-7
  플럼 사케티니 96-7
진저 시럽 19
진저 에일
  코냑 키커 110
신서 와인
  위스키 맥플러스 123
진저 징글 128

ㅊ

차(tea)
  펀치 피치 티 88
체리

맨해튼 42
수퍼소닉 에이비에이션 62
스모키 위스키 사워 58
테킬라 선다우너 74-5
체리 베이크웰 마티니 85
체리 브랜디
   체리 베이크웰 마티니 85
초콜릿
   다크 초콜릿 라즈베리 드림 114-5
   핫 핫초콜릿 68-9
칠리
   과카몰리 138-9
   파인애플 스매쉬 118-9
칠리 플레이크
   스모키 시럽 17
   스파이시 너트 140

ㅋ

카이엔 페퍼
   핫 핫초콜릿 68-9
칵테일 4-7
칵테일 셰이커 10-11
칵테일글라스 12-14
칼(나이프) 10
칼바도스
   과수원의 공작 부인 76
캄파리
   네그로니 26
커피
   스노우 화이트 러시안 66
   에스프레소 마티니 29
   커피 리큐르 29
커피 시럽 20
   아이리시 커피 스타우트 셰이크 104
   스노우 화이트 러시안 66
커피콩(원두)
   스노우 화이트 러시안 66
   아이리시 커피 스타우트 셰이크 104
   에스프레소 마티니 29
케이프 구스베리 (피살리스)
   스파이스드 펌킨 벨리니 126-7
코냑
   사이드카 47
   코냑 키커 110
코리앤더(고수)
   과카몰리 138-9

하리사 프라운 146
코블러 셰이커 10
코스모폴리탄
   클레멘타인 코스모폴리탄 54
콜드론 에그노그 100-1
콜라
   다크 앤 스토미 34
   롱아일랜드 아이스티 44
콜린스 글라스 13
크랜베리
   진저 징글 128
크랜베리 주스
크렘 드 바이올렛
   수퍼소닉 에이비에이션 62
크림
   다크 초콜릿 라즈베리 드림 114-5
   스노우 화이트 러시안 66
   콜드론 에그노그 100-1
   핫 핫초콜릿 68-9
크림 리큐르
   아이리시 커피 스타우트 셰이크 104
클래식 스트레이트 업 파티 마가리타 24-5
클레멘타인 주스
   사이다 상그리아 56
   클레멘타인 코스모폴리탄 54
클레멘타인 코스모폴리탄 54
클레멘타인 휠
   사이다 상그리아 56
   클레멘타인 코스모폴리탄 54

ㅌ

타라곤
   모이라 로즈 80-1
타바스코 소스
   블러디 메리 32
타히니
   후무스 136-7
탄산수
   모히토 40-1
테킬라
   롱아일랜드 아이스티 44
   클래식 스트레이트 업 파티 마가리타 24-5
   테킬라 선다우너 74-5
토르티야
   토르티야 랩, 연어 또는 햄을 넣은

142-3
토르티야 랩, 연어 또는 햄을 넣은 142-3
토마토
   과카몰리 138-9
   토마토 브루스케타 144
토마토 브루스케타 144
토마토 주스
   블러디 메리 32
트리플 섹
   롱아일랜드 아이스티 44
   마이 타이 38-9
   사이다 상그리아 56
   사이드카 47
   애플비니 124-5
   온포도주 132-3
   제스티 핫 토디 98
   클래식 스트레이트 업 파티 마가리타 24-5
   클레멘타인 코스모폴리탄 54
   화이트 레이디 50-1
트윙클 토즈 113

ㅍ

파인애플 스매쉬 118-9
파인애플 주스
   마이 타이 38-9
   파인애플 스매쉬 118-9
파트 (계량) 4
파프리카
   과카몰리 138-9
   스모키 시럽 17
   스파이시 너트 140
패션프루트
   망고 매드니스 90-1
펀치 피치 티 88
프로스티 더 멜팅 스노우맨 130-1
플럼 사케티니 96-7
피살리스
   스파이스드 펌킨 벨리니 126-7
피스코 사워 48
피처 11
핑크 자몽 주스
   서머 선셋 102-3
핑크 자몽 휠
   서머 선셋 102-3

ABOUT ANDY CLARKE
저자 소개

이 책을 쓴 앤디 클라크는 오늘날 F&B 분야에서 가장 영향력 있는 사람 중 한 명이다. 음식과 술, 여행에 관한 콘텐츠를 만드는 TV 프로듀서이자 감독으로서 전 세계를 여행한 그는 생동감 넘치는 글과 독특한 개성을 바탕으로 음식과 술을 통해 사람을 하나로 모으는 일에 평생을 바쳐왔다.

그가 추천하는 음식과 술은 곧장 사람들의 주목을 받기 시작했고, (가족과 친구들이 우려하긴 했지만) 자신을 '프로 식도락가'로 부를 수 있게 되었다. 그는 TV 프로그램, 소셜 미디어, 인쇄 및 온라인 매체, 축제 등을 통해 먹고 마실 수 있는 모든 것에 대한 자신의 사랑을 사람들과 공유할 때 가장 행복하다.

그는 오랜 시간 세계 최고의 셰프 및 주류 전문가들과 함께 일해 왔고, 정기적으로 식음료와 관련한 국제 어워드의 심사위원으로도 활동하며 요식 업계의 컨설턴트로도 활약하고 있다.

ㅎ

하리사 프라운 146
하이볼 글라스 13
핫 핫초콜릿 68-9
핸드 리머 9
햄
    토르티야 랩, 연어 또는 햄을 넣은 142-3
향신료(스파이스)
    스파이스드 펌킨 벨리니 126-7
    스파이시 너트 140
허리케인 글라스 13
허브 7
    스파이시 너트 140
호박
    스파이스드 펌킨 벨리니 126
혼합 베리
    라즈베리 프로제 82
    베리 시럽 21
    사이다 상그리아 56
홈 바 2-3
화이트 레이디 50-1
후무스 136-7
후추
    다크 앤 스토미 34

ACKNOWLEDGEMENTS
감사의 말

저를 웃게 만들어준 모든 분께 건배를 올립니다. 모든 사람의 장점을 볼 수 있도록 키워주시고, 맛있는 먹을 것과 마실 것에 감사할 줄 아는 마음을 길러주시고 있는 그대로의 저를 받아들이고 행복할 수 있게 가르쳐주신 부모님께 감사를 드립니다. 남편 앨런 오시어에게도 고맙다는 말을 하고 싶어요. 당신을 처음 만난 2005년 이후의 모든 순간이 당신을 만나기 전의 삶보다 더욱 다채로워졌으니까요.

저와 함께 일하며 저를 믿고 제게 자신감을 불어넣어 준 요식 업계 및 방송업계 사람들도 고맙습니다. 저의 호기심 많은 미각을 자극하고 자긍심을 갖고 국제 식음료 업계에 진출할 수 있게 도와준 셰프들, 내가 전하고 싶은 이야기가 무엇인지를 깨닫게 해준 여러 (주류) 전문가들 여러분이 없었다면 저도 없었을 거예요.

저와 저의 술에 대한 사랑을 믿어준 편집자 케이트 폴라드와 이 책을 독자 여러분 앞에 내놓을 수 있도록 도와준 출판사 웰백의 모든 팀원에게도 감사드립니다. 제가 만든 칵테일을 테스트할 수 있도록 허락해준 모든 친구들, 그리고 무엇보다도 이 책을 들고 여기까지 읽어주신 독자 여러분께도 감사드립니다. 앞으로의 인생에서도 '행복한 한 모금'을 기꺼이 마실 수 있기를 바랍니다!

HOME BAR

Published in 2022 by OH Editions, Part of Welbeck Publishing Group.
Design ⓒ 2022 OH Editions
Text ⓒ 2022 Andy Clarke
Illustrations ⓒ 2022 Evi-O.Studio

Andy Clarke has asserted his moral rights to be identified as the author of this Work in accordance with the Copyright Designs and Patents Act 1988.

All rights reserved. No Part of this publication may be reproduced, stored in a retrieval system, or transmitted in any form of by any means, electronically, mechanically, by photocopying, recording or otherwise, without the prior permission of the copyright owners and the publisher.

Korean translation copyright ⓒ 2023 Bookers
This Korean edition was published by arrangement with OH Editions through Agency-One, Seoul.

이 책의 한국어판 저작권은 에이전시 원을 통한 저작권자의 독점계약으로 북커스에 있습니다. 저작권법에 의해 한국 내에서 보호를 받는 저작물이므로 무단전재와 무단복제를 금합니다.

HOME BAR
지금은 홈 바

초판 1쇄 2023년 9월 1일 발행

지은이 앤디 클라크
감수자 강나위

주간 이동은
편집 김주현 성스레
미술 강현희 정세라
마케팅 사공성 강승덕 한은영
제작 박장혁

발행처 북커스
발행인 정의선
이사 전수현

출판등록 2018년 5월 16일 제406-2018-000054호
주소 서울시 종로구 평창30길 10
전화 02-394-5981~2(편집) 031-955-6980(마케팅)
팩스 031-955-6988

ⓒ 앤디 클라크, 2023

※ 이 책은 저작권법에 의해 보호를 받는 저작물이므로 무단전재 및 복제를 금지하며, 이 책의 내용 전부 또는 일부를 이용하려면 반드시 저작권자와 북커스의 서면 동의를 받아야 합니다.

ISBN 979-11-90118-58-3 (13590)

※ 북커스(BOOKERS)는 (주)음악세계의 임프린트입니다.
※ 값은 뒤표지에 있습니다.
※ 파본이나 잘못된 책은 구입하신 서점에서 교환해 드립니다.